心を育てる子育てマニュアル

~これだけ知っておけば、子育てに自信が持てる~

高田広之進

まえがき

子育てで悩まれている人は多いと思います。

テレビや新聞では毎日のように悲惨な出来事が報道されます。不登校の生徒たちも毎年増えています。わが子がそのようなことになるのではと心配されている親は多いでしょう。

私は二十五年以上、子どもの心の相談にたずさわってきました。

子育てには大切で落としてはならないポイントと、できた方がいいけれど省いてもかまわないものとがあります。そのあたりを分かり易く書いたものがあれば便利だろうと考え、この本を書いてみました。

構成は、目次、第1章／基本編、第2章／発展編、第3章／症状編、となっています。

どの項目から読まれてもかまいませんが、重要なことから順に書いていますので、できれば目次から目を通していただければと思います。目次を見ただけでも子育てのポイントが大切な順に身につくようになっています。

気軽に、寝ころがって、ながめてみて下さい。

この本が読者の方々の子育てへの自信につながれば、と願っています。

目次

心を育てる子育てマニュアル

～これだけ知っておけば、子育てに自信が持てる～

まえがき

第1章／基本編

Chapter-1-1
子どもの幸せとは……2
①目が輝いていること
②友達がたくさんいること
③やりがいを持っていること

Chapter-1-2
子どもが「大人になる」とは……4
①待つ力がつくこと
②がまんする力がつくこと
③自分で自分のことを決められること

Chapter-1-3
子育ては「三つ半」のくり返し……6
①ほめる
②共感する
③約束を守る
しかるときは、一つのことだけを短く強く愛情を持って

Chapter-1-4
家庭の役割とは？……7
①世の中で一番やすらげる場所
②共感してもらえる場所
③好ましいモデルとなる大人がいる場所

Chapter-1-5
理想の母親のタイプは……9
おっとり、おおらか（父親も同じだと思います）

Chapter-1-6
親が落ち着いていること、
親がゆとりを持っていること、
これが結局とても大切……11

Chapter-1-7
子育ての「三つ半」と「家庭の役割」を
実行してもうまくいかないときは？……12

Chapter-1-8
子どもは親の言葉には従わない
親が実際していることをマネる……14

Chapter-1-9
子どもの症状は
「危険信号」と考えてみる……16
初めは安全な症状から出てくる。
症状を消そうとするよりも
「子ども全体のことを見直すチャンス」と考えること。

hapter-1-10
ストレスについて……18
ストレスが強すぎるとき、
ストレスへの子どもの対応能力が低いとき、症状が出てくる。
問題解決の方法は、ストレスを減らすことと、
子どもがストレスに強くなること。

Chapter-1-11
子どもを変えようとする前に……20
「親が変わるべきではないか」と考えてみること
そうすると親も成長できることがある

Chapter-1-12
心の発達には三つのヤマ場がある……22
①〇～三歳頃の……「赤ちゃん期」
②三～一〇歳頃の……「悪ガキ期」
③一〇～三十歳頃の…「思春期」
それぞれのステップを踏みしめて育った人は、ストレスに強い

Chapter-1-13
人は自分が育てられたように
自分の子どもを育てる……24

Chapter-1-14
性格が決定される三つの要素……26
①素質（生まれつきのもの）
②環境（特に十二歳までの親の育て方）
③自らの努力（思春期以降はこれが大切）

Chapter-1-15
二分の一の法則……………28
①いいところ半分、ダメなところ半分の子どもで良い
②百％いい子にしようとすると子どもは破綻する

Chapter-1-16
【基礎偏まとめ】
子育ての一応の成功とは？……………29
①十五歳前後で「親友」と出会えている
②最低限の炊事・洗濯・掃除ができ、お金だけ置いておけば何とか一人で生きていける
③一人旅ができる

第2章／発展編

Chapter-2-1
「ほめる」ことの大切さについて……………34
①人はほめられたときに変わる
②ほめられると「自己イメージ」が良くなる
③「自己イメージ」が良くなると「努力」もするようになる

Chapter-2-2
ほめ方のコツ……………36
①ほめすぎてかまわない
②勉強以外のことをほめる
③単純にほめる
④結果ではなく努力についてほめる
⑤親が心身のゆとりを持っておく

Chapter-2-3
しかりかたのコツ……40
①一つのことだけを短く強く愛情を持って
②「何をなぜ」しかるのか、はっきり示してやる
③「どうすれば良かったのか」も言ってやる
④単純にしかる
⑤できれば「禁止」と「罰」を区別する
⑥しかられることで人間は変わらないということを知っておく

Chapter-2-4
「禁止」と「罰」を区別してみよう……42
①「禁止」と「罰」を区別するとしかり方がうまくなる
②「禁止」ですませられることはなるべく「禁止」ですます
③「罰」には、大人がきちんと対応していることを示す意味、「その件はもうおしまい」とスッキリさせてやる意味、子どもの責任能力を認めてやる意味がある
④「罰」のコツは、大人の都合で行わないこと、適度の強さにすること、その件はそれですませ二度と言わないこと

Chapter-2-5
「共感する」ことの大切さ……44
人は自分の気持ちがわかってもらえたときに元気が出る

Chapter-2-6
「共感する」コツ……46
①共感することの大切さを知っておく
②共感することは難しいと知っておく。安易に「お前の気持ちはよくわかる」などと言わない
③親も心身にゆとりを持っておく

Chapter-2-7
「約束を守る」ことについての心がまえ……48
①「約束を守る」ことの大切さを知っておく
②約束を破ったときは素直に謝る
③約束を破ったときに「へりくつ」を言わない

Chapter-2-8
一人っ子の子育てはやはり難しい……50
①待つ力、がまんする力、
自分のことを決める力が育ちにくい
②色々工夫が必要

Chapter-2-9
「赤ちゃん期」(〇～三歳頃)には
人から無条件で愛される体験が必要……53

Chapter-2-10
「悪ガキ期」(三～十歳頃まで)は
「楽しく遊ぶこと」
「ほめてもらうこと」が大切……55
それによって「良い自己イメージ」を持つようになる

Chapter-2-11
「悪ガキ期」に
「努力の大切さ」を学ぶこともある……57

Chapter-2-12
「アダルト・チルドレン」とは……58
「悪ガキ期」にちゃんと悪ガキをできていなかったケース

Chapter-2-13
思春期の入り口の特徴……60
①二次性徴が出てくる
②大人に秘密を持つようになる
③自分の意思を持ち、自分のことを決めたがるようになる

Chapter-2-14
うまく思春期に入れた子どもは
「親友」を持つようになる……62
「親友」と出会えていれば、子育ては七割がた成功

Chapter-2-15
異性と付き合うのは、
まず同性の友達としっかり付き合えてから……64

Chapter-2-16
思春期後半のキーワードは
「納得がいく」ということ……66
自分で考えてやってみて挫折と失敗を繰り返し、
一つひとつ納得していくことが必要

Chapter-2-17
二分の一の法則の応用……69
①他人を見るとき
「いいところ半分、悪いところ半分」と見ると楽
②自分自身を見るときも
「いいところ半分、悪いところ半分」と見ると楽
③クラスの人を見るときも
「半分の人が自分を好いてくれていたら十分」と思うと楽
④宿題も「半分していけたら上出来」と考えると楽

Chapter-2-18
片親だと子どもはうまく育たないか？……………72
①家庭の役割がちゃんとできていれば大丈夫
②「モデルとなる人」は子どもが勝手に捜してくるはず

Chapter-2-19
「待つ力」をつけさせるコツ……………74
①親自身の「待つ力」が強いこと
②何かするとき、わざと待たせてからすること
③「待っているといいことがある」と感じさせてやること
④「待てた」ときにはほめること

Chapter-2-20
「がまんする力」をつけさせるコツ……………76
①親自身ががまん強く生活していること
②何かするときに少しがまんさせてからすること
③「がまんするといいことがある」と感じさせてやること
④「がまんできた」ときにほめること
⑤「がまんする」タイプの遊びをすること

Chapter-2-21
自分で自分のことを決める
能力を育てるコツ……………78
①自分で決められることはなるべく自分で決めさせる
②子どもに決めさせたらなるべくその通りにさせる
③子どもに決めさせせたらたとえ失敗しても見守る
④親の顔色を見て決めるようにしむけない
⑤親と違う考えを持っているのが普通だ、と伝えておく
⑥与えられた枠の中で自由に決めさせる体験をさせる
⑦「自分のことを決めた」ことをほめる

第3章／症状編

イラスト　鵜木　遥佳
装丁　富永　孝行

Chapter

第1章

基　本　編

CHAPTER-1

子どもの幸せとは

①目が輝いていること
②友達がたくさんいること
③やりがいを持っていること

落としてはならない三つのこと

子どもが幸せかどうかを知る目安とは何でしょうか？

私は「目が輝いていること」「友達がいること」「やりがいを持っていること」、この三つだと思います。

子どもには成長の過程でチック、吃音（どもり）、抜毛、不登校など色々な症状が出てくることがあります（後で述べますが、初めは安全な症状から出てきます）。多少気になる症状があったとしても、右の三つがそろっていれば、それほど心配する必要はありません。あわてずに大きな目で見守っていれば大丈夫。子どもはうまく育っていると思われます。

現代は少子化時代であり、大人はついつい子どもにたくさんのことを期待してしまいます。勉強ができること、ピアノが上手なこと、行儀が良いこと、素直なことなど色々です。けれども、子どもが何のトラブルもなく育つことはありません。しばしば子どもは大人の期待を裏切りますし、色々な症状も出ます。成績が下がったり、チックや吃音などの症状が出たり、タバコを吸っていたり、学校を休みがちになったり、さまざまです。何を目安にして子どもを見ていったらいいのでしょうか。

私は右の三つだと思っています。多少子どもにトラブルがあったとしても、この三つがそろっていれば大丈夫です。

逆に、他のことがうまくいっていたとしても、この三つがそろっていなければ心配です。たとえば、これはしばしば見られるケースですが、勉強がよくできて真面目で先生や親の言うこともよく聞く中学二年生の男の子がいるとします。その子には親しい友達が居らず、目が輝いていなくて、何となくうつろな感じで、時々「腹が痛い」と言います。このようなケースは「心配」です。何か親の気づかないストレスがかかっているのかもしれません。場合によっては、統合失調症[※1]などの病気やアスペルガー症候群[※2]などの軽度発達障害の可能性を考えた方がいいかもしれません。

子育てでは、大切で落としてはならないことと、できた方がいいけれど省略してもかまわないことがあります。右の三つは落としてはならないことです。

※1、※2「第1章／基本編－7」と「第3章／症状編－6」で少し詳しく述べます

CHAPTER-1・2

子どもが「大人になる」とは

①待つ力がつくこと
②がまんする力がつくこと
③自分で自分のことを決められること

子どもが「大人になる」とはどういうことでしょうか？　言葉を変えれば、私たち大人が子どもたちに、大人になるために身につけさせるべき能力とはどういうものでしょうか？

それは「待つ力がつくこと」「がまんする力がつくこと」「自分で自分のことを決められること」、この三つだと思います。

どんなに学力が高くて色々な能力を持っているとしても、待てない、がまんできない、自分のことを自分で決められない人は「子ども」です。社会でちゃんと生きていくことが難しいと考えられます。

逆に、少しぐらい学力が低くても、待つことができ、がまんすることができ、自分で自分のことを決められる人は「大人」です。社会でちゃんと生きていけるでしょう。

我々大人が、子どもたちに（約二十年間という長い長い時間をかけて）身につけさせるべき能力は右の三つです。

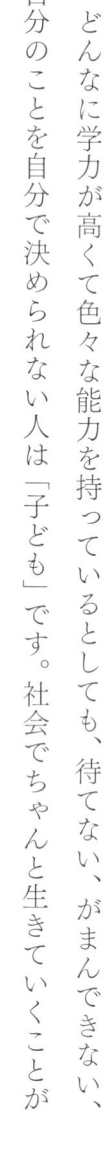

では、どうすれば
これらの能力が育つのでしょうか？

そのあたりが、現代のように価値観が複雑で、何が好ましい生き方か分かりにくい時代の、また少子化時代の子育ての難しさです。

数十年前の、社会の価値観が単純で兄弟の数も多かった時代には、食べ物や着る物がないといった「貧困」の問題はあったにしても、子育ては「大切に育てる」ことが基本であり、子育て自体は単純だったのではないでしょうか。子どもたちは親の目の届かないところでいたずらや冒険、ケンカや仲直りなどをして、知らず知らずのうちに三つの能力をバランスよく身につけることができたのだと思われます。しかし、現代ではそう簡単にはいきません。子どもが少なくて親の目が子どもの生活のすみずみまで届いてしまうので、子どもは親の知らないところで、のびのびといたずらをすることができません。「大切に育てているつもり」が、かえって子どもにとって、害になっていることがあります。物質的に豊かで子どもが少なく、一人ひとりを丁寧に育てられることは、必ずしも子育てのしやすさにはつながらないのです。むしろ現代のほうが子育てが難しいと思われます。

この本には子育ての色々な面を書いています。それらを参考に実行することで、右の三つの能力が身についていくはずだと私は考えています。

CHAPTER-1 3

子育ては「三つ半」のくり返し

①ほめる
②共感する
③約束を守る
しかる時は、一つのことだけを短く強く愛情を持って

子育ては「ほめること」「共感すること」「約束を守ること」の三つのくり返しだと思います。

あと半分付け加えると「しかる時には一つのことだけを短く強く愛情を持って」です。

これらがなぜ重要なのかは「発展編」※3で述べます。

とりあえずは、子育てで迷ったらこの「三つ半」に帰ってみましょう。

※3「第2章／発展編－1～7」で詳しく述べています

CHAPTER-1

4 家庭の役割とは？

①世の中で一番やすらげる場所
②共感してもらえる場所
③好ましいモデルとなる大人がいる場所

家庭の役割の第一は、「世の中で一番やすらげる場所」です。人は職場や学校でがんばり、疲れて家に帰ってきます。家庭は家族それぞれのストレスのはけ口となる場所であり、弱点や欠点をさらけ出せる場です。だからこそやすらげる場であると言えるのです。家庭で「いい子」にしている子どもは、むしろ心配です。家でちゃんとくつろげているのか、考えてやる必要があります。

家ではおいしいものを食べさせてやり、ぐっすり眠れるように、そして気持ちがやすらぐようにしてやりましょう。夫婦ゲンカや兄弟ゲンカはしてもかまいません。仲直りすればいいのです。家庭とはそういう場所です。

家庭の役割の第二は、「共感してもらえる場所」です。人は共感してもらえた時に元気が出るという心理学的な原則があります。

家に居ると自分の気持ちがわかってもらえる、嬉しい時は一緒に喜んでもらえる、悲しい時も一緒に悲しんでもらえる、そういう感じが大切です。

家庭の役割の第三は、「好ましいモデルとなる大人のいる場所」です。子どもは、自分が好ましいと思っている大人のマネをして育つという、これも心理学的な原則があります。子どもは親の喋り方、歩き方、ものの考え方など、全てをマネします。子どもが保育園や学校に行くようになると、保育士や学校の先生のマネをするようになりますが、両親からの影響力にはかないません。

親が好ましいモデルになっていることはとても重要です。と言っても親が欠点のない「聖人」でいる必要はないし、むしろそれは有害です。普通の、ただの人としてまともに生きていれば良いのです。それは子どもにとって、自分が大人になっていくための重要なモデルとなります。

CHAPTER-1 5

理想の母親のタイプは

おっとり、おおらか
（父親も同じだと思います）

現代の少子化社会では、親は（悪気はないのですが）ついつい子どもへの指示が多くなってしまいがちです。「勉強しなさい」「ピアノの練習は？」「だらしないかっこうはやめなさい」などです。一つひとつの指示はもっともでも、積み重なると子どもは重荷に感じ、指示や期待に応えられない自分に罪悪感を感じるようになります。現代の子育てでは、親が子どもにあれこれ言いすぎて失敗している事例が圧倒的に多いと思われます。

数十年前の、兄弟がたくさんいた時代の子育てでは、親はむしろ指示をたくさん出した方が効果的だったと思われます。たとえば兄弟が五人もいる場合、親が「おっとり、おおらか」では収拾がつかず、家庭は無秩序状態になりかねません。そのため、親は色々と指示を出してやる必要があったでしょう。その代わり、子どもたちは、親の目の届かないところで色々といたずらをしたり、羽目をはずしてのびのびと過ごしていたはずです。親の目は子どもたちの生活の細部までは行き届きませんから。

しかし、現代の少子化時代で、親が細かく指示を出していると、子どもはそれにすべて従えるはずはないのですから、息がつまります。そして従えない自分に罪悪感を感じ、自信をなくし、それがチックや不登校などの色々な症状に結びついていくことになります。

「おっとり、おおらか」がいいのです

補足しますと（前記と矛盾するようですが）子どもが三歳頃までの間は、親は少し神経質で心配性なぐらいが良いとされています。三歳頃までは急な発熱など身体のトラブル、風呂の水でおぼれたりといったアクシデントなどが、色々あるからです。また、発達障害（自閉症など）について言うと、「あやしても笑わない」「視線が合わない」「抱いたときに表情が硬い感じがする」などの微妙なことについて、母親は敏感な方が良いでしょう。

子どもが三歳頃までは少し心配性、その後は「おっとり、おおらか」が理想の母親です。

CHAPTER-1

6 親が落ち着いていること、親がゆとりを持っていること、これが結局とても大切

私のクリニックには、チック、抜毛、不登校、リストカットなどの色々な症状の子どもが来院されていますが、先に書いた「ほめる、共感する、約束を守る。なおかつ上手にしかる」という子育ての「三つ半」と、「家庭をやすらぎの場にすること、共感してやること、親がよいモデルになること」の「家庭の役割」を行い、おっとり、おおらかに見守っていると、多くの症状は軽快していきます。ただし、これらを実行するのは案外難しいことです。

結局のところ、親がおちついていること、ゆとりを持っていることが、とても大切だと思われます。親にゆとりがないと右の子育ての基本や家庭の基本はできませんし、おっとりしていることもできません。

こう書くと、「そんなことはわかっている。それができないから困るのだ」というお父さんお母さんの声が聞こえてきそうです。現代は親も慢性的にストレスにさらされています。

父親の帰りは遅いし、単身赴任の人も少なくありません。母親も仕事や家事、姑とのストレス、孤独感などに日々さいなまれています。父親も母親も疲れ切っているのが現実で、ゆとりを持てという方が無理かもしれません。

その場合は、「親がゆとりを持っておくことが大切なのだ、子どもをしかる前にまず親がゆとりを持つよう努力しよう」と、自分に言い聞かせるようにしましょう。そうしておくと子どもへの態度が多少変わるはずです。

CHAPTER-1

7 子育ての「三つ半」と「家庭の役割」を実行してもうまくいかない時は？

軽度発達障害や統合失調症を考えてみる

子育ての基本の「三つ半」と「家庭の役割」とを実行し、おっとり、おおらかに見守っていけば、子育ては、ほとんどの場合はう

まくいきます。子どもの目は輝くようになり、友達もでき、やりがいもみつけられるでしょう。「待つ力」「我慢する力」「自分で自分のことを決める力」も育っていくはずです。ちゃんと子育ての基本と家庭の役割などを実行しているのに、これらの力が育っていかない時は「軽度発達障害」や「統合失調症」の可能性を考えてみましょう。

軽度発達障害は、注意欠陥多動障害（ＡＤＨＤ）、アスペルガー症候群、高機能自閉症、学習障害などの、生まれつきの脳の軽い障害です。軽度発達障害の子どもたちは、一般的に「待つ力」「がまんする力」「自分で自分のことを決める力」が育ちにくいものです。

統合失調症は、脳内の神経伝達物質のバランスが崩れて起きる脳の病気で、主に思春期に発症しますが、小学校高学年ぐらいから発病することもあります。症状はひきこもり、ひとり笑い、ひとりごと、被害妄想などです。抗精神病薬を飲むことで、症状が著明に改善することがあります。

子育ての基本をちゃんと実行していてもうまくいかない時は、軽度発達障害や統合失調症の可能性を考え、早目に専門家に相談しましょう。

CHAPTER-1 8

子どもは親の言葉には従わない親が実際していることをマネる

「家庭の役割」の項でもふれましたが、子どもは好ましいと思っている大人のマネをするという、心理学的な原則があります。好ましい大人というのは、普通は自分の親です。

子どもは親の言葉には従わないものです。その代わりに、親が実際にしていることのマネをします。しぐさ、言葉づかい、生活の仕方、それからものの考え方や生き方までもです。子どもが、ちょっとドッキリする程、自分のマネをしているのに気がついてこわくなった経験のある親は多いと思います。

たとえば、ビールを飲んでテレビの低俗番組を見ている父親が、子どもに「勉強しろ」と言ったとします。子どもは勉強しないでしょう。その番組を見たがるだろうと思われます。親が子どもに「丁寧な言葉を使いましょう」と言っても、なかなか子どもはそうしませ

ん。しかし、たとえばレストランで親がウェイトレスに「すみませんが、お水のお代わりをいただけますか？」などと丁寧に言っていると、子どもはそれをマネして丁寧な言い方をするようになります。

親が家で読書をしていると子どもも読書をするようになるはずです。

こういう行動を心理学で「観察学習」と言います。

家庭で子どもは常に親を見て観察学習を行っています。説教は最低限にして、親は（立派でなくてもいいから）まともな生き方を見せておきましょう。子どもはマネをします。

CHAPTER-1

9 子どもの症状は「危険信号」と考えてみる

初めは安全な症状から出てくる。症状を消そうとするよりも「子ども全体のことを見直すチャンス」と考えること。

子どもの心の問題として色々な症状が現われます

爪かみ、チック、吃音（どもり）などは（もちろん内容によりますが）一般的には軽い、安全な症状です。「不登校」も、ある意味では安全な症状かもしれません。

しかし、子どものこうした軽い症状も、まず「危険信号」と考えましょう。子どもは言葉で上手に自分の苦しさや、つらさ（ストレス）を大人に訴えることができません（それができる子には症状が出にくいと考えられます）。「症状」という信号で、自分の危険な情況を大人に教えてくれるのです。

信号ですので、その症状を消してしまったからといって、解決するわけではありません。信号を消されると、子どもはより強い信号（症状）を出さざるを得なくなります。

初めは安全な症状から出てきます

リストカット、放火、大量服薬などは生命にも関わる重い、危険な症状です。けれども、リストカットをする子どもは、いきなりリストカットを始めたわけではないはずです。初めはチックや爪かみ、腹痛、何となく元気がない、といった安全な症状で、自分の困った情況を（無意識的に）伝えようとしていたはずです。それに対して大人が適切に対応できなかったために、危険な症状を出し始めるのです。

安全な症状を子どもが出しているうちに、大人は子ども全体を見まわして、何がつらいのか何がストレスなのかなどを色々と考え、対応してやるべきです。

症状が出てきたら「子ども全体のことを見直すチャンス」と考え、とりあえずはその症状を急いで消そうとせずに、色々な面から子どもを見直してみましょう。

CHAPTER-1

10 ストレスについて

ストレスが強すぎるとき、ストレスへの子どもの対応能力が低いとき、症状が出てくる。問題解決の方法は、ストレスを減らすことと、子どもがストレスに強くなること。

子どもの症状は危険信号と考えるのが良いのですが、それは子どもへのストレスが強すぎるとき、あるいはストレスへの子どもの対応能力が低いときに出てきます。

危険信号（症状）を消そうとするよりは、子どものストレスとそれへの対応能力を考えてやるべきです。

親から見て大したことのないことが、子どもにとっては意外に大きなストレスになっていることがあります。たとえば二人姉妹で、親が姉ばかりほめていることについて、妹が耐えがたいほどのストレスを感じていた、というようなことがあります。

子どもの生活全体を見まわしてやり、余分なストレスは

なるべく減らしてやりましょう。

また、ストレスへの子どもの対応能力が低い場合には、地道に「ストレスに強くなるように」育てていきましょう。「ストレスに強くなる」とは、言い方を変えれば「待つ力、がまんする力、自分で自分のことを決める力」が伸びることです。色々な工夫をして、そういう力を伸ばしていきましょう。

一般的に言って、十歳以下の子どものケースでは「ストレスを減らすこと」が重要である場合が多いと思います。十歳以下の子どものストレスとは、主には家庭の環境、学校や保育園の環境、近所や親類の人との関係などです。十歳より上の子どもであれば、単にストレスを減らすだけでなく、子ども自身がストレスに強くなれるように考えることも重要です。

また、生まれつきの軽度発達障害（ＡＤＨＤ、アスペルガー症候群など）がある場合や、統合失調症の初期の場合も、色々な症状が出てきます。一般的にそのような障害があるとストレスに弱いものです。そのような場合は専門家との相談が必要です。

CHAPTER-1 11

子どもを変えようとする前に

「親が変わるべきではないか」と考えてみること。そうすると親も成長できることがある。

前項で書いたように、ストレスが強すぎるとき、子どものストレスへの対応能力が低いときに症状が出ます。初めは安全な症状から出てきます。適切に対応してやらないと、だんだん危険な症状が出るようになります。

私は長い間、子どものことについて色々な家族と相談してきましたが、相談（治療）がスムーズにいくときと、そうでないときとがあります。また、相談のプロセスにもヤマ場があるようです。

人間は、困ったときには、まず他人を変えようとするものです。自分自身を変えていくことはとてもつらいことです。それは古い自分を捨てて新しい自分を作り出すことで

あり「死ぬほど」つらいことです。

親とのカウンセリングをしていると、初めは親が子どもを変えようとします。しかし、それではなかなかうまくいきません。相談のプロセスの中で、親が「子どもよりもまず自分が変わるべきではないか」という発想を持つようになると、相談は飛躍的に進みます。親のカウンセリングとは、一口で言うと、親がこういう発想を持てるまでの道をつけることと言えるかもしれません。

苦しいことですが、そういう考えが持てると親自身も成長できることになります。

子どもを変えようとする前に、まず親が変わるべきではないかと考えてみましょう。

CHAPTER-1 12

心の発達には三つのヤマ場がある

①〇〜三歳頃の……「赤ちゃん期」
②三〜十歳頃の……「悪ガキ期」
③十〜三十歳頃の…「思春期」
それぞれのステップを踏みしめて育った人は、ストレスに強い。

心の発達には色々なヤマ場があります

私は「三つまでは人間は憶えることができる」と言う心理学的な原則に基づき、三つのヤマ場を意識しています（ヤマ場の分け方は学者によって五つとか八つとか、色々ありますが、三つの分け方はJ・ハーベイらの学者が行っている分け方をふまえたものです）。

一つ目は、〇歳頃から三歳頃までの「赤ちゃん期」。この時期には、とにかく愛情をもらうことが大切です。多少ゆがんでいてもかまいません。人は愛された経験により人を愛することを憶えます。それは人格の発達の根幹となるものです。

二つ目は、三歳頃から十歳頃までの「悪ガキ期」。この時期は学童期と呼ばれることが多

いのですが、私はあえて「悪ガキ期」と呼んでいます。その方が分かりやすいと考えるからです。この時期は毎日楽しく遊んで、大人からほめてもらうことが重要です。うまくいくと自分についての良いイメージを持つようになり、努力することの面白さも知るようになります。

三つ目は、十歳頃から三十歳頃までの「思春期」[※4]。この時期は「親を乗り越え、自分の納得できる生き方をつかみとる」ことが課題です。子どもは挫折や失敗を繰り返しながら、自分なりの能力を生かして現実の中で生きていくすべをつかみ取っていきます。

三つのステップの意味や課題については、「発展編」でもう少し詳しく触れます（第2章／発展編13〜16参照）。

一つ目のステップがしっかり踏みしめられていないと、二つ目のステップがうまくいきません。二つ目がダメだと、三つ目がうまくいきません。

あるステップがうまくいかないときは、あせらずに前のステップに戻ってやり直した方が早道である場合があります。たとえば、思春期の「自分の生き方を見つけるテーマ」がうまくいかないとき、その前のテーマの「自分についての良いイメージを持つテーマ」をやり直した方が、案外早く解決することがあります。

この三つのヤマ場をしっかり踏みしめて育った子どもは「待つ力、我慢する力、自分で決める力」が着実に身につくため、ストレスにも強い、と言えます。

しかしそれは大変に難しいことであり、すくすくと三つのステップを踏んで順調に育つ子どもは、むしろ少ないかもしれません。多くの人が、足りないところや踏みしめそこなった経験を持ちながら、何とかかんとか大人になって生きています。少しぐらい不充分でも、後でカバーできることはあります。

※4「思春期」については「第2章／発展編－13～16」で詳しく触れています。思春期をいつからいつまでと考えるのは学者によって色々ですが、私は「十歳から三十歳まで」と大きく考えています。またその中を、十歳頃から十五歳頃までの「思春期の入り口」と、それ以降の「思春期の後半」の二つに分けて考えています。思春期の後半は「アイデンティティ（自分の生き方）をつかみとること」が課題の時期ですが、価値観が多様な社会ではそのことに三十歳くらいまでかかるとされています（私は、日本のように価値観が極端に多様な社会では四十歳くらいまでかかると考えています）。

Chapter-1 13

人は自分が育てられたように自分の子どもを育てる

人は自分が育てられたように自分の子どもを育てます。

おそらく、人は子どもの頃に養育者にしてもらったことを無意識のうちに憶えていて、知らず知らずのうちに自分の子どもにも同じことをしていくのでしょう。

たとえば母親が子どもを虐待しているケースで、母親自身も自分の親から虐待を受けていた例がしばしば見られます。このような場合、母親に「虐待してはいけません」と説教するだけでは不十分です。母親も好んで虐待しているわけではないのです。母親自身がカウンセリングなどを受け、色々と自分自身の「自分への良いイメージ」を取り戻す（母親自身がいやされる）ようなプロセスが必要です。その結果として、子どもに対して自然に優しくふるまえるようになります。

自分の子どもをきちんと育ててやることには二重の意味があります。一つは、その子がちゃんと幸せに育つこと。もう一つは、その子が大人になり親になった時に、自分自身が育てられたように自分の子どもをきちんと育てることができる、ということです。

おっとり、おおらかに、自分の子どもを育ててやりましょう。その子どももまた、おっとり、おおらかに、その子の子どもを育ててくれると思います。

CHAPTER-1

14 性格が決定される三つの要素

①**素質**（生まれつきのもの）
②**環境**（特に十二歳までの親の育て方）
③**自らの努力**（思春期以降はこれが大切）

性格は三つの要素から決定されます

一つ目は「素質」。顔だちや体質と同じで、性格のもと（「気質」と言います）は親のものを受けついでいます。生まれつきの「たち」のようなものです。

二つ目は「環境」。特に小学校高学年ぐらいまでの環境が重要です。環境の中で最も重要なものは、言うまでもなく「親の育て方」です。一つ目の「素質」と二つ目の「親の育て方」で、子どもの性格のほとんどは決まってしまいます。親の責任は重大だと言えます。

ところが、見落とされがちな**第三の要因**として「**自らの努力**」があります。大変なことですし、時間のかかることではありますが、人の性格は「自らの努力」で、ある程度変えていけます。もちろん、身近な人の理解と協力がある方が、より容易になります。

私のクリニックに「自分の性格を変えたい」と相談に来られる若者が多くおられます。「マイナス思考を変えたい」「もっとねばり強い性格になりたい」などです。

これらは、可能です。

自らの努力と、できれば身近な人の協力があれば、時間はかかりますが変えていけます。

逆に、思春期に入った子どもを親が連れて来て「この子の性格を変えて下さい」とおっしゃる場合があります。これは難しいことです。私は本人に「自分の性格を変えたいですか？」と尋ねることにしています。本人がたとえば「自分のマイナス思考を直したい」などと言われる場合は、可能です。反対に、自分で変える意思がない場合は、難しいと思います。

思春期に入った人であっても、自分の性格を変えたいと思っておられる方は、心理学の専門家のところに行ってみることをお勧めします。変える努力をする気があるのなら、何らかのアドバイスがもらえるでしょう。

親は、子どもが思春期に入ってしまうと、なかなか子どもの性格を変えることはできないものです。十二歳頃までになるべく適切な育て方をしておくことです。それを過ぎると、親のできることは、せいぜい自分がまじめに生活して、子どもの手本になるようにすることぐらいでしょう。子どもは親の言葉には従いませんが、親が実際にしていることのマネをするものですから。

CHAPTER-1

15 二分の一の法則

① いいところ半分、ダメなところ半分の子どもで良い
② 百%いい子にしようとすると子どもは破綻する

少子化時代ですし、親はついつい子どもに「いい子」であることを期待します。それは当然のことですし間違ったことではありません。

しかし、完全に立派な人間など居ません。

完全に「いい子」であることを子どもに求めると、子どもは息がつまり、期待に応えられない自分に罪悪感を感じるようになります。すると、いろいろな問題が出てくるようになります。

たとえば、親の言うことをよく聞く、まじめで成績のいい中学生の男の子の髪の毛が全部抜けてしまった、というようなケースがあります。また、同じようなケースで、親の知らない所で万引きをしていたり、激しいいじめをしていたり、ということもあります。

そのようなケースで親が相談に来られると、私は「子どもに半分いいところがあれば半分悪いところもある、そんなものだと認めていきませんか？」というようなアドバイスを

します。そういう方向で見守ってやると、子どもは成績が落ちたり、親に反抗的になったりはしますが、全体としては症状が軽くなって生き生きとしてくるようになります。

いいところ半分、ダメなところ半分、それでいいのです。それが自然な姿です。親の期待に子どもが「半分」応えていれば、それで十分だと思います。期待に応え続けている子どもは、どこかで大きく破綻する可能性があります。

※二分の一の法則については、「第２章／発展編－17」でもう少し詳しく述べます

CHAPTER-1● 16

【基礎編まとめ】子育ての一応の成功とは？

十五歳前後で
①「親友」と出会えている
②最低限の炊事・洗濯・掃除ができ、お金だけ置いておけば何とか一人で生きていける
③一人旅ができる

子育ての成功の目安とは何でしょう？

私は十五歳前後がひとつのヤマ場と考えています。十五歳頃までは親が何とか子どもを

コントロールできますが、この年代を過ぎるとコントロールはまずできなくなります。子どもの伸びる力は、子ども自身が伸びようとする意欲に関わってきます。

十五歳前後で、「"親友"と出会えていること」「最低限の炊事・洗濯・掃除ができ、お金を置いておけば何とか一人で生きていけること」「一人旅ができること」、この三つができていれば一段落と思います。ここまでできるようになれば、まずまず子育ては成功です。「一人旅」についてですが、男の子はこの年齢でできるべきだと思います。女の子だと、現代では物騒な事件が増えていますから、「友達や親類との二人旅」ぐらいでしょうか。

子育てには、落としてはならないことと省略してもかまわないことがあります。**右の三つは落としてはならないことです。**

しばしば、特に進学校の生徒で、高校二年生ぐらいになっても右の三つができないケースに出合います。高校二年生にもなって自分で料理がつくれなかったり一人旅ができなかったりするというのはどういうことでしょうか？　親は、学力にばかり気をとられて、右のような本当に大切なことを見落としていたのではないでしょうか？

三つの中で特に重要なのは、「親友と出会えている」ということです。これができている子どもは、「親を乗り越えて自分で納得のいく生き方をつかみとる」という、思春期のテーマにちゃんとさしかかれていると言えます。思春期になると、子どもは重要なことを親にではなく（親としては寂しいことですが）親友に相談するようになります。友人との関係の中で、自分が大切にするものは何なのか、自分は何について努力するのか、何をつかんで何は捨てるのか、そういったことを吟味していくのです。親とつき合っていても親を乗り越えることはできません。

右の三つができるようになれば、子育ては一段落です。お父さん、お母さん、お疲れ様でした。後はお金（学費など）の心配をしてやりましょう。そして、親が子どもの成長の邪魔にならぬように気をつけてやりましょう。

三つのことができていなければ、色々と考え直してみましょう。

Chapter 2

第2章

発　展　編

CHAPTER-2・1

「ほめる」ことの大切さについて

①人はほめられたときに変わる
②ほめられると「自己イメージ」が良くなる
③「自己イメージ」が良くなると「努力」もするようになる

「基礎編」で書いたように、子育ては「ほめる」「共感する」「約束を守る」の三つのくり返しだと思います。もう一つつけ加えると「しかる時には一つのことだけを短く強く愛情を持って」です。

以下、それぞれについて述べます。

ほめることの意味

第一に、人間はほめられた時に変わるという原則があります。しかる事も必要ですが、あくまでもほめる事を際立たせるため、ぐらいに考えておくべきでしょう。たとえばぜんざいの中の砂糖の甘さを際立たせるのに少量の塩が必要なように、ほめる事を強調するためにしかる事も必要だ、というふうにです。

第二に、ほめられる事は三歳から十歳までの「悪ガキ期」の「良い自己イメージを持つ」テーマに重なっているということです。この時期にしっかりほめられて育った子どもは「自己イメージ」が良くなり、物事を色々と肯定的に捉えることができるようになります。また、十歳を過ぎた子どもであっても「良い自己イメージ」をキープしておくのは大切なことです。何歳になってもほめられる事は価値があります。

第三に、ほめられる事が「つらいことがあってもがんばる力（努力する能力）」につながる事があるということです。ほめられて自分へのイメージが良くなることが「努力する」意欲につながります。自己イメージの悪い子どもは「どうせボクはダメだ」と物事を簡単にあきらめてしまいます。

ほめる事は子育ての基本です。ほめ方のコツは次項で述べます。

CHAPTER-2 2 ほめ方のコツ

①ほめすぎてかまわない
②勉強以外のことをほめる
③単純にほめる
④結果ではなく努力についてほめる
⑤親が心身のゆとりを持っておく

ほめ方のコツについて書きます。ほめることは案外難しいものです。

第一に、いくらほめすぎてもかまわないということです。小さなことでも色々見つけてほめましょう。ほめられすぎて気持ち悪くなるくらいで大丈夫です。「よくここまで来られたね、えらいね」「座っていられたね、えらいね」「上手に食べたね」、なんでも良いのです。テストで悪い点をとってきたときも、ちゃんとほめましょう。「三十点で点数は今ひとつだったけど、がんばって受けたね、えらいね」などと。

ずっとしかられ続けていた子どもが急にほめられると、調子にのって生意気になってしまうことがありますが、かまいません。数ヶ月ほどでそれなりに落ち着いてくるはずです。

第二に、勉強以外のことをほめるということです。勉強をほめるのは悪いことではありませんが、ほめることが親の子どもへの「コントロール」になっていることがあります。ほめることでプレッシャーをかけているわけで、そういう圧力にならないよう気をつけましょう。同様に「手伝い」をしてくれた場合にも配慮が必要です。純粋に感謝をしてほめるのならいいのですが、「手伝いをさせよう」という欲、つまりコントロールの力が入っているのは良くありません。

第三に、単純にほめるということです。複雑なほめ方は子どもに伝わらないことがあります。

たとえば、ある子どもが音楽の発表会で、上手に笛を吹いていたとします。母親が「おばあちゃんが、さすがに○○家の跡とり息子じゃ、と言って感心してたよ」とほめたとします。これは複雑なほめ方です。子どもはどう解釈したらいいかわからなくなるかもしれません。「○○家の跡とり息子として、常に世間に恥ずかしくない行動をとらないといけない」というプレ

ッシャーとして感じるかもしれません。

他にも、複雑なほめ方として、「やればできるじゃない」というようなものがあります。これは、親はほめているつもりでも、子どもは「しかられた」と感じるかもしれません。「やればできるのに、今までなぜやらなかったのだ」という非難の意味に受け取ってしまうかもしれないのです。

単純にほめればいいのです。「よくがんばったね」と、にっこり笑って、感情を込めてほめましょう。

第四に、結果ではなく努力をほめること。さきほどの笛の例だと、「上手にできていた」と結果をほめてもかまいませんが、できれば「よく努力していた。努力したことに感心した」という意味の方を強調してやりましょう。勉強についてほめる場合も、いい点数がとれたからほめるのではなくて、そうするために努力したことをほめてやりましょう。

第五に、親が心身のゆとりを持っておくこと。ほめることは案外と難しいもので、親がゆとりを持っていないとなかなかう

まくできません。親もおいしいものを食べ、よく眠って疲れを取っておきましょう。そうして「何をほめようかな」と子どもの行動をゆとりを持って見ていると、ほめるチャンスを見つけるのが楽しくなってくるはずです。

たまに、「うちの子どもには、ほめる点がありません」と言われる親がいます。これはもちろん、親の方に問題があると思います。ほめる点がない子どもなど、あり得ないはずですから。親の「ゆとり」の不足と考えられます。もしも、本当にゆとりを持って見ているのに、ほめる点が見つからないのなら、「軽度発達障害」の可能性を考えてみることも必要と思われます。確かにＡＤＨＤやアスペルガー症候群などの子どもは、「多動」などでほめる点を見つけるのに苦労することがあります。

ほめるコツをまとめると、**「ほめすぎてかまわない」「勉強以外のことをほめる」「単純にほめる」「結果ではなく努力についてほめる」「親が心身のゆとりを持っておく」**ということです。

Chapter-2●3

しかりかたのコツ

①一つのことだけを短く強く愛情を持って「何をなぜ」しかるのか、はっきり示してやる
②「どうすれば良かったのか」も言ってやる
③単純にしかる
④できれば「禁止」と「罰」を区別する
⑤しかられることで人間は変わらないということを知っておく

子育てではしかることも必要です。しかることも「ほめること」と同様、なかなか難しいものです。

しかり方は「一つのことだけを短く強く愛情を持って」です。また、子どもは一つひとつのことを「納得したい」と思っているので、「何をなぜ」しかるのかをはっきり示してやることも必要です。納得できる内容であれば子どもは受け入れてくれます。悪いしかり方は、クドクドとゆるく長く、複数のことを、きちんと理由を示さずにしかるというやり方です。

悪い例を挙げます。「何回言ったらわかるの！　昨日も言ったでしょう。その前も言ったでしょう。そんなことをしたら、A君のお母さんが怒るのよ。その前も机の上を散らかしてたでしょう。いつもいつも悪いことばかりして…」。これでは子どもは何をなぜしかられているのかわからず、自分の存在全体を否定されているように感じてしまいます。自己イメージが悪くなります。

良い例を挙げます。「いけません、他の子を叩いたら。叩かれたら痛いでしょう！」。できれば「いやなことがあったら、ちゃんと言葉で先生に言いなさい」と、どのようにすべきかもつけ加えます。そうすると子どもは、次からどうすればいいのかがわかります。

それから、ほめ方のコツのところでも書きましたが、単純な言い方が良いのです。しかるときも単純明快にしかりましょう。

次に、これはやや専門的になりますが、しかる場合に「禁止」と「罰」を区別して考えると、より良いしかり方につながります。これは次の項で述べます。

最後に、これは重要なことですが、人間はしかられることで変わるものではない、ということを知っておくことです。しかられると人間は表面的には変わるかもしれませんが、深いところまでは変わりません。人はあくまでもほめられたときに変わります。

CHAPTER-2

4 「禁止」と「罰」を区別してみよう

① 「禁止」と「罰」を区別するとしかり方がうまくなる
② 「禁止」ですませられることは、なるべく「禁止」ですます
③ 「罰」には、大人がきちんと対応していることを示す意味、「その件はもうおしまい」とスッキリさせてやる意味、子どもの責任能力を認めてやる意味がある
④ 「罰」のコツは、大人の都合で行わないこと、適度の強さにすること、その件はそれですませ二度と言わないこと

前項で触れたように、しかるときに「禁止」と「罰」を区別して考えると、しかり方がうまくなります。

「禁止」とは、いわば教えることです。たとえば子どもが赤信号の交差点を渡ろうとしたとき「いけません！　今渡ると車にひかれて死んでしまうよ」と大人は言ってやるべきでしょう。これが「禁止」です。しかるより教える感じです。同じケースで「バカ、何してるの。今渡ったら車にひかれて死んでしまうよ。そんなこともわからないの！」などと言うと、これは「罰」になります。子どもは、教えてもらったとは感じず、自分全体が否定されたと感じて、自己イメージが悪くなります。

冷静に考えてみると、大人が子どもに「罰」を与えないといけない場面は、そんなに多くはないはずです。「禁止（＝教えること）」で十分なことが多いと思われます。「禁止」ですむ事柄は「禁止」ですませましょう。

「罰」を与えることについては色々な考え方がありますが、私は適切に与えられる罰であれば与えて良いと考えています。罰には「きちんと子どもに対応していることを子どもにわかってもらう」意味や、「その罰を与えることで罪はつぐなわれ、もう二度と言われることはない」とスッキリさせてやる意味、「ちゃんと罰を与えられるだけの能力を持った人間だ」と、子どもを尊重する意味があります。

「罰」を与える時のポイントは三つです。「大人の都合で行わない」「重すぎず軽すぎず適度な罰を与える」「罰を与えたらその件については二度と言わない」ということです。

例を挙げます。子どもが三人でトランプをしていました。負けたA君が、かんしゃくを起こしてトランプをテーブルにぶちまけ、置いてあったガラスのコップが床に落ちて割れ、床がオレンジジュースでびしょびしょになりました。

この場合の適切な対応は、「いけません！　負けて悔しいからといってこんなことをして。あぶないでしょう」としかり、「一緒に片付けようね」とA君と一緒にぞうきんと新聞紙と掃除機を持ってきて床とテーブルの片付けをする、というものです。

この場合、片付けを子どもだけでやらせると、重すぎる「罰」になります。大人もA君と一緒に「片付けの痛み」を分かち合ってやるぐらいが適切なのです。A君にも「自分が大切にされているから罰を与えられるのだ」と、伝わるはずです。

これらのことに気をつけて、「禁止」と「罰」を上手に使っていくと、しかり方がうまくなるでしょう。

Chapter-2・5

「共感する」ことの大切さ

人は自分の気持ちがわかってもらえたときに元気が出る

「共感する」ことはとても大切です

人は自分の気持ちがわかってもらえたときに元気が出る、という原則があります。

筆者は臨床心理士ですが、私たち臨床心理士の仕事は、一口で言うと「共感する」ことです。私たちはなるべく深いところで、クライアントに「共感」しようとしています。とても難しいことですが。

人は深いところで自分の気持ちがわかってもらえたと感じたとき、涙が出ます（もちろん、逆に自分の気持ちが全くわかってもらえないと感じたときにも涙は出ますが）。そして、次に何かをやっていこうという元気が出ます。

また、人は世の中の誰か一人でも、自分の本当のつらさや苦しさを分かってくれる人が居ると感じていると、死なないものです。精神的なことがもとで自殺するケースの多くは、「誰も自分のつらさをわかってくれない」と感じる場合だと考えられています。

ということで、**共感することはとても大切なことです。**

「家庭の役割」のところで述べたように、家庭では自分の気持ちがわかってもらえるという雰囲気を作っておくように心がけましょう。「コラ、お前はどうしてそんなことをするのだ！」としかる前に、少し共感してみると、子どもの反応は違ってくると思います。「お前にも何かつらいことがあったのかもしれないね」とか言ってみるといいでしょう。案外、子どもは今まで誰にも言わなかった本音を語ってくれるかもしれません。本音を語ることができ、わかってもらえたと感じると、次の元気が出るものです。

CHAPTER-2・6

「共感する」コツ

①共感することの大切さを知っておく
②共感することは難しいと知っておく。安易に「お前の気持ちはよくわかる」などと言わない
③親も心身にゆとりを持っておく

共感するコツについて

第一に、前項で述べた「共感することの大切さ」を知っておくことです。

第二に、「共感することは難しい」と知っておくことです。

リストカットをくり返している子どもなどのケースでよくあるのですが、親と面接していると、親が「私は子どもの気持ちがよくわかるんです。テストでいい点がとれないから〝逃げ〟で手首切ってるんですよ」などと言われることがあります。私はギョッとします。

親は子どもの心をわかっていると思っていても、子

どもは「ちっともわかってもらってない」と感じていることがあります。たとえ親子であろうとも、自分以外の人の心をわかるということは簡単ではありません。十分にわかっていないのに、「お前の気持ちはよくわかる」と言うべきではありません。

第三に、これは「ほめるコツ」のところでも書きましたが、親が心身のゆとりを持っておくことです。ゆとりがないと共感することはできません。職業的に「共感すること」を行っている私たち臨床心理士は、一日の面接が終わると心身共にくたびれ果てて、歩くのもおっくうになっていることがよくあります。なぜそうなるかというと、「共感する」ことは非常に大きなエネルギーを消耗するからです。

子どもにとって「共感される」ことは、とても嬉しいことです。特に、最も身近な存在である家族から共感してもらえたときは、喜びもひとしおです。共感できたと思ったときは、「よかったね」「つらかったね」「うれしかったね」など、こまめに言葉にして言ってあげましょう。そのために、親はなるべく心身にゆとりを持っておくようにしましょう。

Chapter-2・7

「約束を守る」ことについての心がまえ

①「約束を守る」ことの大切さを知っておく
②約束を破ったときは素直に謝る
③約束を破ったときに「へりくつ」を言わない

約束を守ることの大切さは言うまでもないことかもしれません。

しかし、現実の世の中はウソや裏切りで満ちています。新聞やテレビのニュースでは毎日のように、狡猾にだましたりだまされたりというような話が流れています。

せめて親と学校の教師などは、「いつでも信用できる人」で居たいものです。

リストカットをする子どもたちの話を聞いていると、「誰を信用したらいいのかわからない」という発言がしばしば出てきます。信頼すべき基盤のようなものが失われると、人は不安定になるのです。

「約束を守る」ということは、心理学的に言うと、○歳から三歳頃までの「赤ちゃん期」の「基本的信頼感を得る」テーマと重なっています。人は、無条件で愛された体験の土台が

あって「人を愛すること」を憶えていきます。「約束が守られる」というのは、この「基本的信頼感」を得るテーマにつながることです。

「約束を守る」ことについての心がまえを述べます。

第一に、「約束を守る」ことの大切さをよく知っておくこと。

第二に、約束を破ってしまったときは素直に謝ること。親が子どもに謝るのは照れくさいかもしれませんが、そういう次元の問題ではありません。約束を守れなかったら謝るということは、人と人との関係の基本です。

第三に、約束を破ってしまったときに、「お前が○○をするからそうしなかったのだ」とか、「それは○○の条件のもとで言ったのだから約束とは言えない」などと、「へりくつ」を言わないこと。その場を取りつくろうことはできても、子どもは「人は信用できない」と考えるようになります。

約束を守る。それは当たり前のことのようですが、大変なことです。右のようなことに気をつける大人に育てられた子どもは人を信頼することができるし、その子ども自身も約束をちゃんと守る、人から信頼される人になるでしょう。人は自分がされたように人にするものですから。

CHAPTER-2・8

一人っ子の子育てはやはり難しい

①待つ力、がまんする力、自分のことを決める力が育ちにくい
②色々工夫が必要

「少子化時代」の子育ての難しさ

「一人っ子」の子育ては、なかなか難しいと思います。それは、大切に育てられるからです。

昔の、兄弟がたくさん居て物質的にも貧しかった時代には、「大切に育てる」ということと良く育てることは同じ意味だったと思われますが、現代では違います。「大切に育てられることがかえって害になる」という逆説が成り立ちます。

一人っ子は、多いときには父、母、父方祖父母、母方祖父母、計六人分の愛情を独占してしまいます。六人はそれぞれ自分の愛情を表現するために、物を与えたり、したいことをすぐさせてやったりします。それから、その子どもに色々と期待します。また、その行動の一つひとつに常に注目します。

子どもにすぐに物を与えたり、したいことをさせたりすることは、「待つ力、がまんする力」を伸ばさないことにつながります。色々期待することは悪いことではありませんが、過剰な期待はその子どもにとってプレッシャーになります。期待に応えられているうちはいいのですが、応えられなくなると子どもは自分に罪悪感を感じるようになり、自己イメージが悪くなり、失敗をおそれて物事に消極的になります。

また、思春期には「秘密を持つ」ことがとても重要ですが、六人もの目があると、秘密がちゃんと保たれにくくなります。

また、思春期には「自分で自分のことを決められること」が大切ですが、六人もの期待があると、いつのまにかその六人の意向で、子どもの方向が決まってしまうことになります。肝心の「子ども自身が本当に何をしたいのか」が曖昧になったり、子どもの方が大人の意向を先取りして、大人の意向に沿った希望を口にしたりしてしまいます。

というようなことで、一人っ子の子育ては難しいのです。兄弟は、できれば三人以上居た方が良いとされています。三人以上居ると子育ての手間は大変ですが、子どもたちは放っておいても「待つ力、がまんする力、自分で決める力」を身につけていきます。おやつを取り合ってケンカをしたり、仲直りをしたり、互いに自己主張をしたり、というような日常の中で、それらの力が自然に身についていくのです。人間にとって、物事が適度に不足しているのは良いことなのでしょう。

一人っ子の子育ては、色々な工夫が必要です。たとえば、子どもが物を欲しがってもすぐには買い与えずわざと待たせるというように、色々なことを少しずつがまんさせるなどです。意識的に家族の目の届かぬ秘密の場所や時間などを与えることも必要でしょう。それから、なるべく集団の中に入らせた方が良いでしょう。書道教室やスポーツ少年団などです。その中で、「自分の思い通りにはならないのだ」「自分でちゃんと意思表示をしないといけないのだ」というような体験をさせるのです。

また、親の方も子育て以外の自分の喜びをちゃんと確保しておきましょう。子どもは、親の関心が自分にばかり向けられていると、息が詰まるものです。

この項で述べたことは、一人っ子に限らず、いわゆる恵まれた環境で育つ子どもすべてにあてはまることだろうと思います。恵まれた環境にある子どもほど、子育ては難しく、色々な工夫が必要です。

Chapter-2 9 「赤ちゃん期」（〇〜三歳頃）には人から無条件で愛される体験が必要

「基礎編」で述べたように、私は子どもの心の発達について、三つのヤマ場を考えています。それぞれについて述べます。

〇才から三歳頃までの「赤ちゃん期」には人から無条件で愛されることが必要です

人は人から愛された体験をもとに、人を愛することを憶えます。それがその人の人格発達の基礎になっていきます。「赤ちゃん期」に形成されるこのようなものを、心理学で「基本的信頼感」と言います。

俗説で「小さい頃は過保護なぐらいがいい」と言われていますが、私もそれは正しいと思います。多少しつけが足りなくても、それは後で補えます。とにかく愛情を与えてやること、本物の愛情を体験させてやることが大切です。愛情の与え方は、少しぐらいゆがんでいてもかまわないと私は思います。ないよりはよほど良いのです。

「赤ちゃん期」に人から愛されたことのない人はかわいそうです。人から愛された体験がないのだから、人を愛することができません。他の人の愛情を強く求めながらもそれを疑うとか、わずかな刺激で自分自身の安定感が簡単にそこなわれるとか、とにかくとても不安定な人になってしまいます。

思春期の女性で、次々と男性を変えて性的遍歴をするというケースがあります。一概には言えませんが、「基本的信頼感」が育っていないケースが多いと思います。例えて言えば、ニセ札と本物のお札の区別がつかない状態です。本物の愛情（本物のお札）を知らないので、大きくなってからニセ物の愛情（ニセ札）が区別できないのです。異性からの浅い好意を「本物の愛情」と混同してしまい、性行為の混乱におちいってしまうのです。

それから、「赤ちゃん期」に受け取るべき愛情は、大人になってからは補いにくいものです。たとえば、「しっかり抱きしめてもらう体験」を中学生ぐらいになった子どもがしようとしても、難しいものです。体重が六十キログラムもある中学生を大人が「抱きしめる」ことは難しいですし、異性に抱きしめられると性的な意味に変わってしまってややこしいことになります。しばしば、三歳頃までにその人がうけられなかった愛情に代わるものを求めることで、残りの人生の大半を費やしてしまっているケースがあります。

三歳頃までは、とにかく愛情を与えましょう。

CHAPTER-2 10

「悪ガキ期」（三～十歳頃まで）は「楽しく遊ぶこと」「ほめてもらうこと」が大切

それによって「良い自己イメージ」を持つようになる

「赤ちゃん期」に続くのは、「悪ガキ期」（三～十歳頃まで）です。この時期に大切なのは、「楽しく遊ぶこと」と「ほめてもらうこと」です。この時期の子どもは、本来奔放でいたずら好きでわがままでお調子者です。この時期に「いい子」でいるのは問題があります。

この時期には、毎日楽しく遊ばせてほめてやりましょう。しかることも必要ですが、しかる時には「一つのことだけを短く強く愛情をもって」です。それから「何を、なぜしかっているのか」がわかるようにしてやるのが大切です。

この時期の子どもは、毎日が楽しくすごせていて、一日が終わってフトンに入るとき、「ああ今日一日楽しかったな、明日もきっと楽しい一日がくるだろうな」と思えていることが大切です。それから、目が輝いていること。そのようにすごせていれば、多少何かの問題があるとしても、まずは大丈夫でしょう。

「自己イメージ」というのは、自分が自分自身についてどう感じているか、ということです。毎日しかられている子どもは、自己イメージが悪くなってしまいます。たとえその子どもが客観的に見てかなり能力が高くても、そうなります。「どうせ僕は何をやってもうまくいかない」「どうせしかられる」「自分には価値がない」などと否定的に考えてしまい、いわゆる「マイナス思考」になってしまいます。そうなると、このあとに続く「思春期」の課題に上手に向き合えなくなります。

思春期とは、失敗と挫折の上で自分なりの納得のいく生き方を見つけていく時期ですから、「自己イメージ」が悪いとファイトを持って自分の可能性にチャレンジしていくことができず、この時期をうまく乗り切れないことになるのです。

CHAPTER-2・11

「悪ガキ期」に「努力の大切さ」を学ぶこともある

毎日楽しくすごしていると、元気な子は、それだけではあき足りずに、「がんばってみること」をしてみるようになります。「練習したら自転車に乗れるようになった」「キャッチボールがうまくできるようになった」「難しい算数の問題ができた」「手伝いをして、もらったこづかいを貯めて、好きなゲームが買えた」などです。つらいけれども、がんばってみることで、自分の中に隠されていた色々な能力が出てくることに喜びを感じるようになります。「努力の面白さ」を知るわけです。

しかし、これはあくまでも「悪ガキ」として楽しく奔放に遊んでほめてもらい、「良い自己イメージを持てた」ことが土台にあることを知っておくべきでしょう。単に勉強を強制したり厳しい指導をするだけでは、努力の喜びは身につきません。

CHAPTER-2・12

「アダルト・チルドレン」とは

「悪ガキ期」にちゃんと悪ガキをできていなかったケース

「アダルト・チルドレン」という言葉があります。多くは父親がアルコール依存症であるなどの不安定な家庭環境に育ち、大人になってから、一見落ち着いて見えるけれども案外もろくて、わずかなことで精神不安定状態になってしまったり、生きづらさを感じてしまうような人のことです。

私の解釈では、「アダルト・チルドレン」になる人の多くは、「悪ガキ期」にちゃんと悪ガキをできていなかった人です。

三歳頃から十歳頃までに、奔放でいたずら好きでわがままでお調子者の「悪ガキ」で居ることはとても重要なことですが、家庭が不安定だと安心してそれができません。

たとえば、父親がアルコール依存症で毎晩飲んだくれて家族に当たり散らしている場合、特に子どもが敏感な性格だと、自分が「悪ガキ」でいると父親の不安定さに対して火に油を注ぐことになるのが分かるので、「いい子」にして過ごすでしょう。その結果、その子

どもは「悪ガキ」をせずに大人になってしまいます。一見落ち着いた大人になりますが、内面は「こうすると人がどう思うだろうか」などと常にびくびくしていて不安定で、ちょっとしたことでパニックになったり、死にたくなったりしてしまいます。

やはり「悪ガキ期」に悪ガキであることは重要なのです。悪ガキであっても大人たちから認められ肯定されて育つことで、「人はいつもいい子でいる必要はないのだ」「誰だってわがままを言ったり不機嫌になったりするのだ、それでいいのだ」というような感覚が身につくのです。

「アダルト・チルドレン」に限らず、心身症（心のストレスが身体の不調として現れているもの）や大人の無気力状態のケースでは、子どものときにちゃんと悪ガキをできていなかったのではないかと思われることが多くあります。

そういった人の心理治療をする場合、私はその人が面接の場面で、自分の欲求や攻撃性を表面に出せることを大切にします。大人になってからそれができるようになるのは、なかなか難しいことですが。

「悪ガキ期」には、ちゃんと「悪ガキ」をすることが大切です。親はそれが安心してできる家庭環境をつくってやりましょう。

Chapter-2・13

思春期の入り口の特徴

①二次性徴が出てくる
②大人に秘密を持つようになる
③自分の意思を持ち、自分のことを決めたがるようになる

「悪ガキ期」のあとが「思春期」です。思春期の入り口は、だいたい小学校高学年（十歳）頃です。性的なエネルギーが起こることと連動していますので、入る時期には個人差があります。女の子は生理が始まり、体型も「子ども」から「女性」のものになっていきます。男の子は勃起が始まり、体型も男らしくなります。精神的にも子どもと大人の中間になっていきます。

そして思春期の始まりには、「大人に秘密を持つようになる」し、「自分で自分のことを決めたがる」ようになります。

秘密を持つ

「悪ガキ期」の子どもは秘密を持ちませんし、持つ必要もありません。親に尋ねられたことにも何でも喜んで答えます。思春期に入るとこうはいきません。親が何か尋ねても、「べつに…」というような返事をするだけで、あまり答えなくなります。思春期には、子どもは親に秘密を持つようになるのです。そしてその秘密の世界を広げ、やがて親の価値観と異なった自分の考えを持つようになります。人生に自分で納得のいく意味づけをしようとするのです。また「性」とも出合います。性的な行為は、本来秘密に行われるものです。思春期に入ると、子どもは秘密の日記をつけたり親に知られないメールをしたり、エッチな本を本棚の奥に隠して置いたりします。それから子どもは、「孤独な時間」を楽しむようにもなります。それらは心が順調にスクスク育っていることの現われなのです。

自分の意思を持ち、自分のことを決めたがるようになる

悪ガキ期には親の指示をわりあい素直に聞いていた子どもが、思春期になると素直でなくなります。親と異なった考え方をし、親のしてほしくないことをするようになります。

親に秘密を持つようになること、親と異なった意見を持ち自分のことを決めたがるようになること、これは親としては不快なことですが、仕方のないことです。親を踏み台にして乗り越えて、自分の納得できる生き方をつかみとるという、思春期のテーマにさしかかってきたことの証拠です。親はむしろ喜んでやらないといけません。

CHAPTER-2● 14

うまく思春期に入れた子どもは「親友」を持つようになる

「親友」と出会えていれば、子育ては七割がた成功

思春期に入り、ちゃんと「秘密」と「親と異なる自分の意見」を持て始めた子どもは、「親友」と出会うようになります。

親とあまり話さなくなりますが、その分、同年齢の

同性の友人との関係が深まっていきます。親に知られない自分の世界を持つようになり、自分自身の考えがある程度持てるようになると、「親に話せない深いことまで話せて共感もしてもらえる」同性の友人ができるようになります。これが「親友」です。

子どもが親友を持てるぐらいにまで成長したなら、子育てはなかば以上成功です。人格の骨格部分がちゃんとでき上がったといえるでしょう。その子どもはその後の人生で、揺れることはあっても大崩れはしないと思われます。多少、学力や礼儀作法などに難があったとしても、まあ良しとしましょう。

逆に、中学三年生ぐらいの年齢になっても、「親友」と呼べるような親しい友達がいない場合は心配です。いくら学力が高くて、大人から受け入れられやすい言動のできる子どもだとしても、何か大切な心の成長を置きざりにしてきているのかもしれません。統合失調症などといった脳の病気や、アスペルガー症候群などの軽度発達障害の可能性がある場合もあります（アスペルガー症候群の子どもは知的に高くても、他の子どもと気持ちを分かち合うという共感する能力が生まれつき低いので、表面的に仲のいい友達はできても「親友」はできにくいのです）。

CHAPTER-2・15

異性とつき合うのは、まず同性の友達としっかりつき合えてから

異性関係の悩み事で、私のクリニックを訪れる若い方はたくさんおられます。親が自分の子どもの異性問題について相談に来られることも多いです。

私の答えはズバリ、「同性の友達としっかり付き合えていれば大丈夫、そうでなければ心配」というものです。

物事には順序があります。思春期に入ると、子どもは親とはあまり話さなくなる代わりに、同性で同年代の親しい友達を見つけ、彼らとの親密な関係のなかから、自分なりに生き方についての考えや経験を広げていきます。親を乗り越え、自分で納得のいく生き方をつかみとる準備ができていきます。同性の友人との関係はとても重要です。

同性の親友としっかりつき合えている子が、異性の友人とつき合うことは良いことだし、安全だと思います。

しかし、同性の友人とちゃんとつき合えていない子が、異性とつき合うのは考え物です。異性とのつき合いは深く豊かで色々な可能性を含んでいる半面、不安定であり、一歩間違うと、とんでもない危険なものになってしまう可能性があります。

同性の友人との関係は、異性のそれのように無制限に深くはなりませんが、安定しています。うまくいくと一生のつき合いになることもあります。

同性の友達とちゃんとつき合えている若い人は、異性とのつき合いにもチャレンジしたらいいと思います。うまくいかないときは、同性の友達がしっかりと支えてくれるはずです。

同性の友達とつき合えていない人は、異性とのつき合いはしばらくお預けにして、まずは同性の友達をつくることに努力しましょう。親友がみつかり、一緒に楽しめる仲間たちがみつかってから異性とつき合っても遅くはないはずです。

ついでですが、大人でも同じことが言えます。日常生活で、同性の人とちゃんとつき合って安定した関係をつくっておくことが、大人でも重要です。それができている人は異性とつき合っても安定しているでしょう。

CHAPTER-2・16

思春期後半のキーワードは「納得がいく」ということ

自分で考えてやってみて挫折と失敗を繰り返し、一つひとつ納得していくことが必要

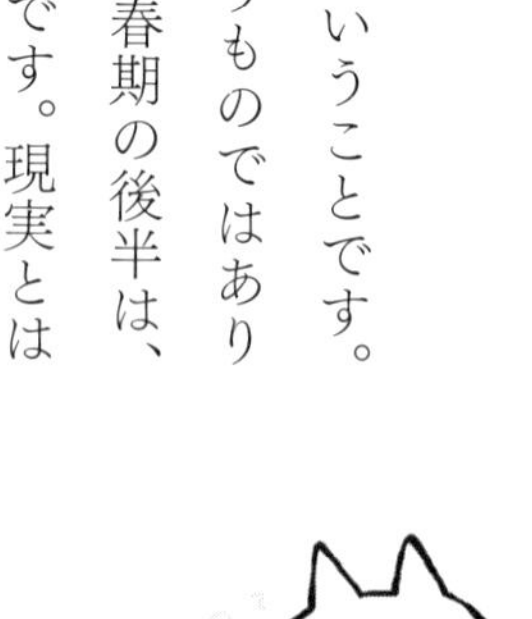

思春期後半のキーワードは、「納得がいく」ということです。

人は高価な物質を与えられれば満足するというものではありません。人は「意味」の世界に生きています。思春期の後半は、自分で自分の人生に意味を見いだすことが課題です。現実とは厳しいものですが、現実の中で、青年は自分の納得できる意味を実現しようとして生きます。それは大変なことですが、やりがいのあることです。

思春期の後半はいつ頃からかということですが、私は十五歳か十八歳頃からと考えています。中卒後の進路の選択、あるいは高卒後の進路の選択の時期です。

思春期は、失敗と挫折のくり返しです。人生が自分の希望通りになることは稀です。現実は厳しく、どんなに努力しても失敗と挫折が待っています。

自分で考えてやってみて、失敗や挫折を経験することが重要です。他人にさせられた行

為でそれを経験しても、その人の身につきません。自分の意思でやってみた結果での失敗や挫折であれば、その人の身につきます。青年は自分の理想や能力と現実の厳しさとのギャップを知り、倒れ、そして根性を出してまた立ち上がっていきます。

偉大な心理学者Ｅ・Ｈ・エリクソンは、「アイデンティティ」ということを言いました。アイデンティティをつかむことが思春期の課題です。アイデンティティとは、具体的には次の五つをつかむことです。

（１）自分は何を大切と考えるか？
（２）自分は何について努力するか？
（３）自分には客観的にみてどのような能力があるか？
（４）自分は何をつかみ、何を捨てるか？
（５）（１）～（４）を自分で自覚し、他者から認められていること。

これらを一言で言うと、「納得すること」です。現代のような社会では、これらをつかむのに三十歳くらいまでかかるとされています（実は私は、現代日本のように価値観が極端に多様な社会では四十歳くらいまでかかるのではないか、と考えています）。

アイデンティティは、簡単に得てしまうよりは、失敗と挫折を繰り返し、苦労してつかみとった方が良いとされています。その方が人生の後半が充実するのです。アイデンティティをしっかりとつかみとっている人は、一見地味で平凡な生き方をしているようでも、生き生きとして目が輝いていると言われます。自分で納得して地道に努力をして生きているからです。

よくあるケースですが、親が子どもを愛するあまり、失敗を回避させようとして親なりのレールを敷いてしまうことがあります。そのような場合、子どもは一見そのレールの上を順調に歩くように見えますが、真の意味で納得していないため、何かが起きたときにもろく崩れたり、不全感を持ってしまったりします。学力も優秀で、親に大きな反抗もせず、親のアドバイスのままに一流大学を出て一流企業に勤めたけれども、三十歳を過ぎてなんとなくやる気が出ない、同僚とうまくいかないし気持ちが沈むなどの状態で、私のクリニックを訪れる方がしばしば見られます。状態としては「うつ状態」なのですが、抗うつ薬を飲めば解決するというものではないようです。彼らは自分の生き方に深いところで納得できていないのです。

失敗すると分かっているようなことを子どもがしているのを、何も言わずにじっと見守るということは、親としては難しいことです。それに、実際に挫折して生命が危うくなることも、稀ですがあります。それでも大人は、なるべく何もせずにじっと見守ってやるべきだと私は思います。それは何より大切な「納得する」ということを、青年が経験していくためにです。

CHAPTER-2

17「二分の一の法則」の応用

①他人を見るとき「いいところ半分、悪いところ半分」と見ると楽
②自分自身を見るときも「いいところ半分、悪いところ半分」と見ると楽
③クラスの人を見るときも「半分の人が自分を好いてくれていたら十分」と思うと楽
④宿題も「半分していけたら上出来」と考えると楽

「第１章／基礎編－15」で、「いいところ半分、悪いところ半分の子どもでいい」と書きました。

この「二分の一の法則」は、実は奥が深いものです。

心理学では、「全てか無か」という見方や考え方しかできない人は心理的に幼児であると考えられています。ある程度心が発達してくると、「いいことの中にも悪いことがある。いい人の中にも悪い面がある」というような見方ができるようになります。

他人を見るときに、「あの人はこういういい面があるけどこういう欠点もある」というような見方ができるようになると楽です。神ならぬ身ですから、完全にいい人など居るはずがありません。もちろん、わが子も「完全ないい子」であることはないわけです。良い点があれば、それと同じくらい悪い点もあるはずです。それでいいのです。

親自身を見るときも「いいところもあるけれども欠点もある」という見方をすると楽です。完全にいい親でいられるはずはないのです。

ときどき「子育てがうまくできない自分」を責めている母親がおられます。反省をするのはいいのですが、「半分はダメなのだ、それが普通だ」ぐらいに居直るのが良いと思います。そうすると「おっとり、おおらか」にもなれます。

子どもがクラスの友達とつき合うときも同じです。クラスの全員から好かれようとすると失敗します。クラスに四十人居るとすれば「半分の二十人から好かれていれば十分」ぐらいの気持ちでいると楽です。

夫婦関係にも「二分の一の法則」は当てはま

ります。恋人のときはともかくとして、夫婦関係で相手に理想を求め合うと失敗します。いいところ半分、悪いところ半分、と認め合うのが長続きのコツでしょう。

クライアントが私を見るときも同様です。私を「すばらしい、理想的な治療者」と思っている人とは面接がうまくいきません。私からの言葉が神様からのお告げのようになってしまうからです。そうではなくて「この先生、こういう点はダメだけどこういう点はなかなかやるな」という見方ができる人とは、面接も深まっていきます。そういう人は「結局は、自分の人生は自分で考えてやっていくしかないのだな」という考えに落ち着いていきます。

もっと大きく言えば、人生全体に「二分の一の法則」が当てはまると思います。晴れの日もあれば雨の日もある、いい日もあれば悪い日もある、いいときもあれば悪いときもある、それでいいのだと。

そういう見方をしてみると、親子関係も学校生活も、ゆとりが持ててうまくいくのではないでしょうか。宿題も、半分できたら残りはせずに行けばいいのです。それで上出来です。

CHAPTER-2・18

片親だと子どもはうまく育たないか？

①家庭の役割がちゃんとできていれば大丈夫
②「モデルとなる人」は子どもが勝手に捜してくるはず

「片親では子どもはうまく育たないのでしょうか」と尋ねられることがあります

もちろん、そんなことはありません。現代の日本は、三組の夫婦のうち一組が離婚している社会です。父子家庭あるいは母子家庭で、スクスクと元気に育っている子どもはたくさんいます。

ただし、条件はあると思います。

「第1章／基礎編－4」で述べたことが家庭で、ちゃんとできているかどうかです。第一に「**世の中で一番やすらげる場所**」、第二に「**共感してもらえる場所**」、第三に「**好ましいモデルとなる大人の居る場所**」です。

このうち第三のことについては、片親の家庭では問題があるかと思われがちです。たと

えば母一人息子一人の母子家庭の場合、子どもの立場で言うと、家の中にモデルとなるべき大人の男性が居ないということになります。男の子の多くは無意識のうちに自分の父親をモデルとして育ち、口調、動作、物の考え方までも父親に似てくるものです。そのモデルが家の中にいないのです。

しかし、実際にはこれは問題にならないようです。子どもというものはたくましいもので、放っておいても適当に自分にとって好ましいモデルになる人を捜してきます。学校の体育の先生や、近所の優しい大学生のお兄さん、母親の弟さん（おじさん）などです。彼らを勝手に心理的な男性のモデルとして、子どもは「大人の男性」を自分の中に取り込んでいきます。

むしろ問題になるのは、「**家庭の役割**」の第一と第二だと思われます。たとえば母子家庭の母親が精神的に不安定で、ついつい子どもにくどくどと愚痴を言ったり八つ当たりをしていたりすると、家庭が「やすらぎの場」や「共感してもらえる場」になりません。これは良くないことです。

片親でも子どもはちゃんと育ちます。ただし、親は意識的に家庭が「**やすらぎの場**」になるようにし、子どもに「**共感してやる**」ように努力をすることが必要だと思います。

CHAPTER-2

19「待つ力」をつけさせるコツ

①親自身の「待つ力」が強いこと
②何かするとき、わざと待たせてからすること
③「待っているといいことがある」と感じさせてやること
④「待てた」ときにはほめること

「待つ力、がまんする力、自分のことを決める力」を持つことが大人になることです

まず、「待つ力」を養うコツについて書いてみます。

第一に、親自身の「待つ力」が強いことです。子どもは親を観察し、マネをして育ちますので、親がじっくり待つ人だと、子どもも無意識のうちに「待つのがあたりまえ」と考えるようになります。親が待てずに衝動買いなどをくりかえしていると、子どもも同じことをするようになります。親が「待てない人」である場合は、まず親自身の待つ力を養いましょう。

第二に、何かをしてやる場合、わざと待たせることです。たとえば子どもが「ミッキーの

ぬいぐるみを買って」と言ったとき、親はすぐに買ってやれる状態であっても、「買うけれども、誕生日の贈り物にするからね。誕生日まで待ってね」と、待たせてからにするのです。

現代の少子化社会では、親や祖父母が「買ってやりたい衝動」を抑え切れずに、子どものの要求のままに買い与えているケースがあります。ひどいものになると、子どもが欲しがる以前に「はい、これ欲しいでしょう、ミッキーのぬいぐるみ買ってきたよ」などと先手を打って買う場合があります。愛情を与えたい気持ちは分かりますが、これでは子どもにとって大切な「待つ力」が育ちません。

第三に、「待っているといいことがあるのだ」と感じさせてやること。ミッキーのぬいぐるみの例だと「誕生日に買ってあげるからね」と約束したら、必ず誕生日には買ってやることです。子どもは「待っているといいことがあるのだ」と感じるようになります。逆に、子どもが待っているのに何かの事情で約束が果たされないと、子どもは「待つとろくなことはない」「待つのは損だ」と感じるようになります。たとえば、誕生日が来たときに親が「親類に相談したのだけど、やっぱりプレゼントはぬいぐるみよりも勉強に使う鉛筆セットがいいということになって、そうしたのよ」などと言って、約束のものを買ってやらなかったとします。そうすると、子どもは「待つとろくなことがない」と考えるようになり、

「ほしいものは今すぐ手に入れないといけない」と思い、「今、して」「今、買って」「待つのはイヤ」と言うようになります。こうなると待つ力は育ちません。

第四に、待てたときにほめてやることです。「よく待てたね」と。親はついつい勉強や手伝いのことをほめてしまいますが、「待つこと」「がまんすること」「自分で自分のことを決めること」はとても価値のあることです。それらが実行できたときもほめてやりましょう。

CHAPTER-2

20 「がまんする力」をつけさせるコツ

①親自身ががまん強く生活していること
②何かするときに少しがまんさせてからすること
③「がまんするといいことがある」と感じさせてやること
④「がまんできた」ときにほめること
⑤「がまんする」タイプの遊びをすること

これは、先に書いた「待つ力を育てるコツ」とほとんどいっしょです。

第一に、親自身ががまん強く生活していること。子どもはマネをします。

第二に、何かしてやるときには少しがまんさせてからにすること。たとえば子どもが「五百円余分にお小遣いちょうだい」と言ったとき、「はい、仏壇の掃除を一週間やってね。おだちんとして五百円あげる」というようにするといいでしょう。一般的に、子どもと交換条件を結ぶのが好ましいと私は思っていませんが、このようなやり方は子どもの勤勉さを養う意味もあって良いと思います。しかし、「成績があがったら五百円あげる」というふうに、勉強と引き換えにするのはよくないと思います。勉強は本来自分自身のためにするものであって、小遣いを目的にするものではないはずです。

第三に、「がまんするといいことがある」と感じさせてやること。

第四に、がまんできたときにほめてやること。

これらは「待つ力」を養うコツと同様です。

第五に、「がまんする」タイプの遊びをしてみるのも良いでしょう。たとえば山登りやジョギングなどです。親子で「今日は山登りだ、楽しいぞ」と弁当と水筒を持って、一日歩いてみることなどが良いと思います。親がそうやって「がまんすること」を楽しんでいると、子どもも「がまんする遊び」をするようになります。

CHAPTER-2

21 自分で自分のことを決める能力を育てるコツ

①自分で決められることは、なるべく自分で決めさせる
②子どもに決めさせたら、なるべくその通りにさせる
③子どもに決めさせたら、たとえ失敗しても見守る
④親の顔色を見て決めるようにしむけない
⑤親と違う考えを持っているのが普通だ、と伝えておく
⑥与えられた枠の中で自由に決めさせる体験をさせる
⑦「自分のことを決めた」ことをほめる

自分のことを決める能力を育てるコツについて述べます。

思春期は挫折と失敗の連続です。それを繰り返しながら、現実の中で自分が納得して生きていくやり方を見つけていかなければなりません。そして、挫折や失敗に意味があるのは、「自分で決めてやってみる」からです。他人の決めたことを実行して挫折を経験しても、自分の成長にはつながりません。

というわけで、思春期を迎えるにあたって、「自分で自分のことを決める能力」を少しずつ伸ばしてやることはとても大切です。大人になると、人はすべてのことを自分で決定し、自分で責任を負わなければならないのですから。

第一に、小さい時から自分で決められることは、なるべく自分で決めさせるようにすることです。たとえばクツを買うとき。「どっちのクツにする？　青いのと赤いのとあるよ。お前の好きなのにしたらいいよ」などです。

第二に、子どもに決めさせたらその通りにしてやることです。クツの例だと、子どもが「青いのにする」と言ったら青いものを買いましょう。決して「青いのもいいけど、赤い方がお前に似合うと思うよ」などとややこしいことを言わないことです。親が赤いものを買うつもりなら「お前には赤いのが似合うから赤いのを買います」と告げて、赤いものを買います。「お前が決めたらいいよ」と言っておいて、実際は親が決めてしまうことは、別項でも述べるように「二重拘束」といって、子どもを混乱におちいらせます。

第三に、子どもに決めさせた場合は、たとえ失敗しても見守ること。

たとえば小雨の降っているとき、カサを持っていくかどうかで迷う場合があります（このような場面は、子どもに自分で決める力を養わせる絶好の機会です）。子どもに決めさせずに親が決める場合は、たとえば「カサを持っていきなさい」と頭ごなしに言うのが良いです。子どもに決めさせるのならば、「今日は雨がひどくなるかもしれないよ。よく考えなさいよ」と言っておいて、後は子どもに判断させます。自分の判断でカサを持っていかなかったとして、仮に雨がひどく降ってずぶぬれになったなら、子どもは次の機会にもっと考えるようになるでしょう。それから、親はカサを持っていかなかった子どもの決定について、しからないことです。自分で自分のことを決定したのだから、評価してやるべきです。

第四に、親の顔色を見て決めるように仕向けないこと。親が言葉で「好きなようにしたらいいよ」と言いながら、言葉以外のところで子どもにプレッシャーをかけて、親の意向どおりにさせようとしている場合があります。さきほどの青と赤のクツの例で、親が「好きなのにしたら良いよ」と言いながら、なんとなく表情で「赤いほうがいいよ」と示している場合があります。そういうことをしていると、子どもは「どうしたら自分のためになるか」ではなくて「どうしたら親の意向に添えるか」によって物事を決めるようになり、決定

に際して親の顔色をうかがうようになります。そうすると、自分のことを決める力が育ちません。

第五に、親と違う考え方を持っているのが普通だ、ということを伝えること。十歳ぐらいになって思春期の入り口にさしかかると、子どもは親と異なる考えを持つようになります。それでいいのです。さきほどのカサの例で言うと、親は「カサを持っていくべきだ」と考え、子どもは「持っていかなくて良い、降ったら濡れて帰ればいい」と考えたわけで、見解の相違というものです。それでいいのです。思春期になって親と同じ考えを持ち続けているとしたら、その方が問題です。子どもには子どもの考えがある、それでいいのだということを、親は態度で示しておくべきです。

第六に、与えられたワクの中でなら子どもの考え通りにしたらいい、という体験を積み重ねてやること。

子どもにいきなり「すべてを自分で決めなさい」と言うのは酷だし、危険です。安全を確保しながら、少しずつ子どもが自分で決定する力を育てていくべきです。

たとえば、おもちゃ屋さんに行った時。おもちゃの買い与え方については色々な方法がありますが、私は「兄さんの太郎君には五百円、弟の次郎君には四百円渡します。これでこの店の中の欲しい物を何でも買ってきていいです」というようなやり方が良いと思います。おもちゃ屋さんという比較的安全な空間の中で、限られた金額内で自分で決めるという体験をさせるのです。くどいようですが、自分で決めさせた場合には後でクレームをつけないこと。たとえば太郎君がヘビのおもちゃを買ってきたとしても、親は決して「こんな気味の悪いものを買ったらダメでしょう」などと言わないことです。枠（ルール）の中でやったことなのだからケチをつけてはいけません。枠の中で自分で決めたことを評価してやるべきです。

第七に、自分で自分のことを決めたことをほめてやること。

たとえ間違った決定であっても、自分で自分のことを決めることは大人になるためのステップであり、価値のあることです。自分で決められたこと自体をほめてやりましょう。

そして子どもが「自分の決定したことでいい結果にならなかったが、判断する上でどこが間違っていたか？」という意味のことを尋ねてきたら（これは非常にすばらしい質問です）、親はきちんと自分の考えを言ってやりましょう。

CHAPTER-2●
22 子どもへのコントロールについて

①親は子どもをコントロールしたいもの
②単純なコントロールが良い
③複雑なやり方は子どもを傷つける

親は子どもをコントロールしたいものです。たとえば一流大学に行かせたいとか、ピアニストにさせたいとか、母親好みのピンクのかわいいワンピースを着せたいとか。コントロールの仕方には色々な方法があります。「子どもに勉強させたい」「子どもを教師にさせたい」場合を例にあげてみます。

一．**暴力**（勉強しないと殴ったり蹴ったりする）

二．**しかる**

三．**ほめる**（勉強した時にほめるなど。ほめることは良いことですが、ほめることで必要以上に圧力をかけている場合があります）

四. 経済的コントロール（成績が下がると小遣いを減らすなど）
五. 罪悪感をそそる（「お前の成績が下がったから、おばあちゃんが倒れたんだよ」など）
六. 恥の感覚をあおる（「隣のA子ちゃんは勉強しなかったから二流の学校にしか行けなくて近所の人に笑われてたね」など）
七. 間接的に恥の感覚をあおる（「うちの子は勉強がよくできるのよ」と普段から近所の人へ自慢しておくなど。子どもは立場上成績を下げられなくなる）
八. 言質をとってのコントロール（たとえば子どもが九歳の頃に「私、学校の先生になりたい」と言ったことを盾にとって、親が「言ったことは最後までやり抜くものだ」と、その後無理やり教師にさせるなど）
九. 二重拘束（これは次項で述べます。知らず知らずにやりがちな、複雑なコントロールです）

親が子どもをコントロールすること自体は、悪いことではないと思います。むしろ自然なことでしょう。問題はやり方です。単純な方法が良いのです。勉強させたいのなら「勉強しなさいよ」と言うこと。教師にさせたいのなら「教師になりなさい」と言うこと。

ただし、子どもは親の思い通りにはなりません。親が子どもをコントロールできるのは、せいぜい十五歳頃までと私は思います。それを過ぎると、子どもは自分の考えを持つようになり、親のこともある程度客観的に見るようになって、なかなか親の言うことを聞きません。早い子では、思春期の入り口である小学四年生頃から親の言うことをきかなくなります。そこで親は、単純なコントロールでは子どもを動かすのが難しいと感じて、無意識のうちに複雑なコントロールをしようとするわけです。

右に書いた四番目以下は、複雑なコントロールです。複雑なコントロールの仕方は、子どもをじわりじわりと傷つけていきます。そうされると子どもは「話し合ってもムダだ」と感じるようになるので、だんだん本音を言わなくなり、心のエネルギーが変な方向に向いてひねくれた行動をとったり、病的な症状を出すようになったりすることが少なくありません。

たとえば、「お前の成績が下がったから、おばあちゃんが倒れたんだよ」などと罪悪感をそそられるコントロールを続けられると、子どもは疲れ、ひねくれ、自己イメージも悪くなっていきます。強迫神経症（物事にこだわりすぎたり、不潔を恐れて手を洗い続けたりというような症状が出るもの）の症状が現れることがあります。

私は、子どもが中学三年生ぐらいになったら、「コントロールしない」のがベストだと思

っています。「お前の人生だから、お前が幸せになってくれたらいいんだよ。好きにしたらいいよ。お金は○○歳ぐらいまでの分は出すよ」というようなスタンスが良いと思います。が、色々と事情があって、そうはいかないケースは多いとは思います。

そこで、コントロールせざるを得ない場合は、健全なやり方ですべきだと考えます。健全なコントロールとは、親が明確に自分の考えを言い、そしてその言葉通りのことを親がするということです。「子どもは親の言葉には従わない。親の行動をマネする」という原則がありますから。

たとえば、子どもを教師にさせたいのならば「教師になって欲しい。そして世の中の役に立って欲しい」と告げておき、親も日曜日になったら何らかの教育的なボランティア活動に出かけて楽しそうにしておくことです。そうすると、子どもは教師になるかどうかはともかくとして、自分も親のように世の中の人にためになる生き方をしよう、と思うようになるでしょう。

CHAPTER-2・23

「二重拘束」は避ける

子どもへのメッセージは単純に

「複雑なコントロール」の話の続きです。「二重拘束」というやり方で、親が子どもをコントロールしていることは案外多いものです。二重拘束は深く子どもの心を傷つけるので避けないといけません。ついでに言っておくと、世の中の多くの「いじめ」は二重拘束の形をとっています。

「このようにしたらいいよ、でもこのようにしてはいけないよ」というメッセージを発するのが「二重拘束」です。結果として親は、子どもをやんわりとコントロールします。一見善意に満ちたやり方なので、逆にやっかいです。「説教する」などの単純なコントロールの方が、子どもにとってはむしろ対応しやすいかもしれません。

「第２章／発展編－21」で出したクツの例で述べます。「青いクツと赤いクツがあるよ。お前の好きなのを買ったらいいよ」と言っておいて、子どもが青いクツを買おうとすると、

「赤い方がお前に似あうよ」と赤いクツを買わせる、これが二重拘束です。子どもはとても嫌な思いをします。

クツぐらいなら傷は浅いといえますが、たとえば進路の選択でこんな会話があります。

親「どこでも好きな学校へ行ったらいいよ」

子「服飾学科へ行く」

親「いや、普通科高校は出ておかないと…」

これは二重拘束です。子どもは親に対してどう答えたらいいかわからなくなるでしょう。これならむしろ初めから頭ごなしに「普通科高校に行きなさい」と言われたほうがましです。

小遣いについてこんな例もあります。

親「うちは月々定額で小遣いはあげないけど、必要なお金はちゃんと出すからね」

娘「次の日曜日、〇〇ちゃんとカラオケに行くので千円ちょうだい」

親「中学生がそんなことにお金を使うものではありません」

この例は親が「娘がウソをつく」ということで悩んで相談に来られたケースですが、このように二重拘束を行っていると、娘さんはウソでもつかないと友達とつき合えなくなるでしょう。

これらの例でわかるように、親は子どもを「いじめよう」と思っているわけではないのに、子どもに真綿で首をしめるようなコントロールをして傷つけてしまっているのです。このあたりが二重拘束のこわさです。

二重拘束を使う親が相手だと、子どもは「話し合ってもムダだ」と感じるようになります。鬱屈した思いが、家庭内暴力や強迫神経症などにつながっているケースがよくあると思われます。

二重拘束を防ぐには、親が決める時にははっきり「〇〇しなさい」と言ってしまうことです。「赤いクツにしなさい」「普通科高校に行きなさい」という風に。子どもの希望通りにさせるつもりなら、「お前の考え通りにやりなさい」とだけ言っておいて最後まで口を出さずに見守ることです。

前項でも述べましたが、子どもへのメッセージは単純なものが一番です。

Chapter

第3章

症　状　編

CHAPTER-3・1

不登校について《その1》

①友達とつき合えていれば大丈夫
②ひきこもりになるのがまずい

不登校の生徒の数は年々増えており、現在の中学校では一クラスに一人は居ると言われています。登校しぶりのケースも入れると膨大な数になります。わが子が不登校になることは十分にあり得ます。どのように考えていけばいいのでしょう。

不登校についての考え方は、カウンセラーの数だけあると言われるほど色々あって、どれが正しいとは言えません。私の考えを述べます。友達とつき合えていれば大丈夫です。その子どもはちゃんと大人になれるでしょう。まずいのはひきこもりになってしまうことです。

不登校について「学力の遅れ」を心配する親がいますが、私はそれは大したことではないと考えます。重要なのはその子どもが大人になれるかどうかです。思春期は「親を乗り越えて自分の納得のいく生き方をつかみとる」ことがテーマですから絶対に、「友達とつき

合うこと」が必要です。親とつき合っていても、親を乗り越えることはできません。

大人になるということは、「待つ力、がまんする力、自分で自分のことを決める力」が身につくことであり、社会という観点で言えば、社会のルールに従いながら、自分で自分のことを決めて、一人で生きていけるようになることです。学校教育というものは、それらの能力を身につけていくための社会的装置と考えられます。

そういう意味では不登校は心配です。学力が下がるから心配なのではないのです。

私は「不登校」で相談に来られた親や子どもには、失礼ですけれども「どうやったら登校できるようになるか」という方向では相談に乗っていません。私の相談の方向は、「どうやったら同年代の友達とつき合えるようになるか」です。そして、その子どもが登校できているかどうかではなくて、その子どもが同年代の子どもとつき合えているかどうかを見ます。それができている子どもは、やがては学校に行けるようになり、それなりに自分に合った進路を進んでいけるようになります。

現在の日本では以前と違って、普通の高校に行けなくてもそれに代わる迂回路がたくさんあります。定時制高校、通信制高校、サポート校、高校卒業程度認定試験などです。友達とつき合える能力があり、やる気のある子であれば、それなりに道は見つかります。高校も卒業できるし社会にも出ていけるでしょう。

CHAPTER-3

2 不登校について《その2》

学校に行かせようとするよりは、友達とつき合えるようにしてやった方が解決が早い

前の項で述べたように、登校できているかどうかよりも、同年代の子どもとつき合えているかどうかの方が重要だと思います。

【例】

A子さんの例　小学六年生の頃から不登校でしたが、親の理解もあり、週に一回のギター教室に通っていました。クラスメートの友達（P子さん）も時々自宅に遊びに来ていました。やがてA子さんは自宅近くの学習塾（学力レベルは高くない塾）に行くようになり、中学二年生の四月、学校の先生の配慮でP子さんと同じクラスにしてもらえたこともあり、登校できるようになりました。

B子さんの例　進学高校に入学しましたが、多量に出される宿題がこなせないことなどから、一年生の六月から不登校になってしまいました。しばらくひきこもっていましたが、一年生の末の春休みからラーメン屋さんのアルバイトに行くようになりました。上司や先輩からかわいがられ、やがて毎日朝から夕方まで出勤するようになりました。高校は退学し、今は

通信制高校に入り直して（通信制高校は、登校は週に一回程度です）元気に生活しています。

C男君の例　進学高校に入学した彼は、記憶力も良く成績も上位でしたが、クラブ活動はせず、友達も居ないようでした。一年生の秋、ささいなことで級友といさかいになり、不登校になってしまいました。一流大学出身の両親は、学力を心配しておられました。

C男君はしばらくはテストの期間だけ登校し、学力が高いこともあって何とか二年生に進級できました。しかし、その後登校できず、二十歳になった今でも自宅でひきこもり状態で、毎日パソコンのインターネットをして過ごしている日々です。

このように「**友達とつき合えている子**」はちゃんと大人になれます。

A子さんとB子さんのケースは、学業にこだわらずに人間関係を広げていって成功した例です。B子さんは通信制高校卒業後にどのような道を歩むのかわかりませんが、長い人生ですし、元々能力の高い人ですので、いつか自分の持っているものを発揮するチャンスがあるだろうと思われます。

逆に、学力が高くても友達とつき合えていない子は心配です。C男君のケースについてよく聞いてみると、中学生の頃から友達と親しい関係がありませんでした。できればその時点で、親が担任の先生や専門の相談機関に、「友達づきあいがうまくいってないようですが大丈夫でしょうか？」と相談してみる必要があったのではないでしょうか。

CHAPTER-3

3 不登校について《その3》

友達とつき合えるようになるには四つの能力を育てること

①運動能力
②遊ぶ力
③カッコ良さ
④かしこさ

前項で、「学校に行かせようとするよりは、友達とつき合えるようにしてやった方が解決が早い」と述べました。

では、どうすれば友達とつき合えるようになるのでしょうか？

これは一人ひとり違うとは思います。あえて言うとすれば、次の四つの能力を伸ばしてやることが早道だと私は考えています。

①運動能力、②遊ぶ力、③カッコ良さ、④かしこさです。

運動能力について　若者ですから運動能力は必要です。また、運動に興味があるはずです。

上手にできる必要はありません。散歩、なわとび、ボウリング、キャッチボール、なんでも結構です。運動能力を（それに体力も）身につけさせてやりましょう。

遊ぶ能力について　子どもは元来遊ぶものです。ここで言う「遊び」とは、他人と楽しむ遊びです。パソコンなどの一人遊びは含みません。トランプ、将棋、カラオケ、しりとり、かくれんぼ、何でもかまいません。他人と遊ぶ能力を身につけましょう。

カッコ良さについて　見た目にカッコ良くしておくことも大事です。若者はちゃんと身だしなみを整えていれば、誰でもそれなりにカッコいいはずです。親は「学校を休んでいるのにおしゃれは必要ない」と言いたくなりますが、それは抑えましょう。一緒に買い物に行って、しゃれたものを与えてやりましょう。散髪にも行かせてやりましょう。ほとんどの子どもはおしゃれをさせてやると喜ぶものです。

かしこさについて　ここで言うかしこさは学力だけではなく、色々なものを含みます。サッカーや野球選手、アイドル歌手についての知識を持つのもいいでしょう。食事のマナーを知っているとか、飯ごうの使い方を知っているとかも良いことです。何となく機転が利く、というのもかしこさです。

これら四つの能力が身につけば、自然に友達はできると私は考えます。

子どもが不登校になった時、親が登校を強いてもうまくいかないことがほとんどです。それよりも①～④の能力を伸ばしてやる方が早いと思います。ボウリングに連れて行ったり、おしゃれをさせてやったりしてはどうでしょうか。また、登校させようとして親子がケンカになるよりも、「四つの能力を身につけていこうね」と親子で合意して、力を合わせていくと色々なことがスムーズに運ぶと思います。

また、不登校になるのを防ぐため、普段から四つの能力を伸ばすように親も子も心がけておくのが良いと思います。

補足ですが、四つの能力を子どもに身につけさせようとしても、うまくいかないことがあります。子どもが運動に興味がないとか、他人と遊ぶことに興味がない、おしゃれに興味がないなどの場合は、軽度発達障害や統合失調症などの病気の可能性を考えてみるべきかと思います。たとえばアスペルガー症候群の子どもは、パソコンのゲームなどには非常に興味があっても、他の子どもとする遊び、たとえばかくれんぼとかジェスチャー遊び、冗談を言い合っての雑談などに興味がないことが多いのです。そういう場合は、その障害をふまえた上での接し方を工夫してやらないといけません。また、統合失調症であれば、なるべく早く薬物療法を始めるべきです。いずれにせよ専門家に相談することが必要です。

CHAPTER-3・4

不登校について《その４》

友達とつき合えるようになるには段階を踏む必要がある

①大人とつき合える段階
②かなり年長や年少の人とつき合える段階
③少し年上や年下の人とつき合える段階
④同年代の人とつき合える段階

これまで述べてきたように、登校できることよりも、同年代の友達とつき合えることの方が大切です。

すぐに同年代の友達とつき合える場合もありますが、段階を経ることが必要な場合もあります。

一般に、子どもの対人関係の能力の発展は次のような順序をとります。

母親とつき合える→父親とつき合える→親以外の大人とつき合える→年のかなり離れたお兄さんやお姉さんとつき合える→小さい子どもとつき合える→少し年上の子どもとつき

合える→少し年下の子どもとつき合える→一番最後に、「同い年の子どもとつき合える」。

同年代の友達とうまくつき合えない場合、このように年長や年少の人とつき合うチャンスを作ってやると、案外うまくいくことがあります。

たとえば「第3章／症状編‐2・不登校について《その2》」のB子さんの例です。B子さんはラーメン屋のアルバイトに行って、まずは店長さんとつき合えるようになり、次に自分よりかなり年長の人とつき合えるようになり、それから少し年長の同僚の人とつき合えるようになりました。このように段階を経ていくと、人間関係の能力がスムーズに育つことが多いのです。アルバイトも良いし、おけいこごとに行かせてやったり、サポート校の職員のお姉さんやお兄さんとつき合わせてやるのも良いと思います。意外なところでその子の対人関係能力が育ちます。

CHAPTER-3・5

不登校について《その５》

「せかさず見守っておく」ことが基本
「ヒマだ」と言い出したら大丈夫

不登校の子どもへの対応についての続きです。まず前項で書いたように、「四つの能力」を養うよう努めることです。

それから、基本的には「せかさず見守っておくこと」です。「学校に行きなさい」とはもう何百回も言ったはずですので、言うのをやめましょう。

子どもは一般的に、友達とつき合いたいものです。放っておけば必ず、「友達と遊びたい」という意味のことを言い出すはずです（言い出さないなら統合失調症や軽度発達障害などの可能性を考える必要があります）。

親は子どもをどうにかしようと考える前に、まず自分たちにできることをしましょう。

この本の前半に書いてきたことですが、まず家庭を「やすらげる場」にすること、「共感してもらえる場」にすること、それから、「親が好ましい手本」となっておくこと。立派な親である必要はありませんが、家で普通に食べて寝て、穏やかに生活しましょう。仕事のある人はちゃんと遅刻しないように出勤しましょう。それらのことを子どもは見ているはずです。それから、子どもに対しては、「ほめる」「共感する」「約束を守る」の繰り返しを行い、しかることは最低限にとどめましょう。

これだけのことをすれば、家の雰囲気は変わってくるはずです。なかなか大変なことですが。

そうしてゆったり子どもを見守っていると、いつか必ず子どもの方から動きが出てきます。子どもが「ヒマだ」と言い出すはずです。そうなったら大丈夫です。「ヒマだ」「何かしたい」と言い出しますので、そこで親はあせらないようにしましょう。ついつい「では○○をしてみたら」と勧めたくなりますが、しないことです。落ち着いて「そう、何かしてみたいの?」とゆったり尋ね、待ちましょう。しばらくすると「ディズニーランドに行きたい」とか「ドラムを習ってみたい」「流行のパンツを買いたい」「カラオケ

に行きたい」などと言い出すはずです。そうしたら、なるべくそのようにしてやりましょう。決して「学校に行けるようになったらね」などの条件をつけないように。

Ｄ男君の例　高校一年生の秋から不登校でしたが、相談に来られた母親に私は右のような説明をしたところ、母親はよく理解され、「いつか元気の出る日がくるからね」とＤ男君を見守っておられました。父親も理解があり、しばしばしていた夫婦ゲンカもなるべくしないようにされました。三ヶ月後の正月、Ｄ男君は「ヒマだ」と言い出し、しばらくすると、どこで思いついたのか「四国一周をしてくる」と言い出しました。新品の自転車と旅館の費用をくれ、と言うのですがどうしましょう、と言われる母親に、私は「お金にゆとりがあるのなら考えてやってもいいかもしれませんね」と答えました。その後Ｄ男君は四国に三泊四日の自転車の一人旅をし（冬でもあり、四国一周は断念したようです）、帰ってくると近所にある学習塾に行くようになりました。少し話ができる友達もできました。その後、高校卒業程度認定試験を受け、今はある大学の学生として元気に過ごされています。

Ｄ男君の例は不登校の子どもが元気になっていく典型的な道筋だと思います。心がある程度成熟していて特別病的なところのない子どもであれば、根気よく見守っていると「ヒマだ」と言い出すはずです。それを待ちましょう。

Chapter-3・6

不登校について《その6》

統合失調症やアスペルガー症候群のケースの不登校では「見守っている」だけでは良くない

専門家からのアドバイスが必要

同じように不登校になった子どもであっても、統合失調症や軽度発達障害（アスペルガー症候群、高機能自閉症、学習障害、注意欠陥多動障害など）のケースは「見守っている」だけでは問題は解決しません。障害に対応した方法が必要になります。

統合失調症は、人口の約一%に発症し、被害妄想や幻聴、感情の平板化などの出てくる、思春期に発病することが多い病気です。

アスペルガー症候群は軽度発達障害の一つですが、一般に学力は高いため障害と気付かれるのが遅くなりがちです。自閉症スペクトラムの一つで、言語能力や記憶の能力は高いのですが、「こうすると相手がどのように感じるのか」と想像することが苦手で、特有のこだわりも見られ、人間関係で孤立しやすい傾向があります。近年では五十人に一人ぐらいの頻度で存在すると言われています。

Ｅ子さんの例　高校一年生の頃から、クラスのみんなが自分の悪口を言っているような気がしてきて辛くなりました。休憩時間に「うるさい」などとひとり言を言うようになりました。不登校になってしまい、初めは母親だけが私のクリニックに来られていました。やがて本人も了承され、少量の抗精神病薬を飲むようになりました。その後、表情も明るくなり、登校への意欲も見せるようになりました。

Ｅ子さんの例は、軽い統合失調症のケースと思われます。薬物療法の継続と、家族や身近な人が「病気」として理解し、心身ともに無理をさせないように支えていくことが必要です。統合失調症は初期の治療がとても重要です。早めに薬物治療を始めると、意外なくらいに元気になることが多いものです。

Ｆ男君の例　小さい頃から記憶力の良い彼は成績優秀で、自分の好きな昆虫図鑑やローマの歴史の登場人物を細かな部分まで暗記していました。中学校ではスポーツには興味がなく、パソコンクラブに入部。中学三年生の頃から、ささいなことでクラスメートにからかわれるようになりました。からかわれてＦ男君が怒ると、その怒り方が変わっているといってまたからかわれるというような有様です。父親は「担任の先生の対応が悪い」と立腹されました。先生も色々工夫されたようですが、F男君は不登校になってしまいました。その後一年経った現在、F男君は自宅のパソコンのインターネットで色々なゲームやチャットを楽しんでいます。特に「ヒマだ」とか「何かしたい」とかは言いません。「勉強は一人でできるから」と登校の意欲は見えません。

F男君の例は、アスペルガー症候群のケースです。学力は高く、小学校高学年ぐらいまでは、対人関係で大きな破綻はなく過ごせていたのですが、思春期に入って急に人間関係が難しくなり、色々なきっかけから不登校になってしまったのです。

アスペルガー症候群に限らず、軽度発達障害のケースは、本人をとりまく身近な人たち(両親、学校の先生など)が障害についてきちんと共通理解をもち、本人の優れた部分を生かして弱点をカバーするような援助が必要です。

統合失調症やアスペルガー症候群などの軽度発達障害が考えられる場合は、なるべく早く専門家に相談すべきです。

CHAPTER-3・

7 リストカットや摂食障害について

①症状への表面的な対応よりも「その子どもが世界を受け入れられるようになること」が大切

②要は「生きるって、楽しい」と思えるようにしてやること

自分の手首を切ってしまう子どもや、食べ物を食べられない、あるいは食べても吐いてしまう子どもはとても多く、私のクリニックにもたくさん来院されています。多くは女性です（もちろん男性もおられます）。

手首を切ることは一種の自殺未遂であり、自分が生きていくことへの否定です。食べられないことや吐いてしまうことも、ある意味で自分が生きていくことへの否定です。根本には同じものが流れていると思われます。

思春期には、もちろん辛いことや悲しいこともありますが、基本的には美しくて輝いていて楽しいもののはずです。彼女らの話を聞いていると、とてもつらい気持ちになります。

彼女らの話の中でよく出てくる言葉は、「消えてなくなってしまいたい」「誰を信じたらいいかわからない」「気持ちをわかってもらえたことなんか一度もない」「どうせしかられるだけだ」などです。

リストカットや摂食障害の治療法については色々な考え方があり、薬物療法を中心にする治療、行動療法を中心にする治療、家族面接主体の治療などがあります。ここでは私の考えを述べます。

私は、一口で言うと、「生きていることが楽しい」と思えるようにしてあげることが大切だと思います。

G子さんの例　小学六年生の頃から彼女はカッターナイフで自分の左手首を傷つけていましたが、中学生になって傷つけ方がひどくなっていました。中学二年生のある夜、G子さんは家にあった解熱剤を百錠以上飲んで、自殺未遂をはかりました。救急病院で治療を受け、私のクリニックを勧められて来院されましたが、言葉少なであまり喋られませんでした。同伴の父母はとても熱心で、「どうすればこの子がこのようなことをしなくなるのか教えてほしい」と

のことでした。私はG子さんには「何でも話していいからね」と女性の臨床心理士によるカウンセリングを勧め、両親とは「どうすれば本人が楽になれるのかを中心に相談していきましょう」と私との面接の継続を提案しました。G子さんは、幸い女性の臨床心理士と色々と話せるようになりました。ところが意外なことに、両親と私の面接がうまくいきません。両親そろって来院されたのは最初の一回きりで、あとは父親と母親は別々に来院され、それぞれが私に「相手（父親あるいは母親）は何を喋っていましたか」と尋ねられます。なかなか実のある相談になりません。G子さんは家族の中で心の休まらない立場の日々が続いていたと想像されます。リストカットは、回数は減りましたが今も続いています。

H子さんの例

H子さんは現在三十歳で、大学生の頃から飲酒と共に吐くことが始まり、今も続いています。身体はすらりとして細すぎるぐらいの体型なのですが、「太るのが恐い」「太ることを考えると死にたくなる」と言われます。実際に今まで数回の自殺未遂をされました。地方都市の名家に生まれたH子さんは、子どもの頃から成績も良く、容姿も人並み以上であるにもかかわらず、「自分は常に両親の期待を裏切り続けてきた」という気持ちが強かったようです。生まれてきて良かったと思うことは、ほとんどないとのことです。実際に両親は、今も「なぜまともな仕事につかないのか。世間の人がどう思うのか」など彼女を責めることが多いようです。

G子さんもH子さんも「生きることは楽しい」「世界は喜びに満ちている」と感じるようになっていただきたいと思いますが、なかなかうまくいかないものです。

うまくいっていないケースを二例挙げましたが、長期の取り組みの中で、本人も家族も「世界を楽しいものにしていこう」と色々な努力をされ、リストカットや摂食障害が軽くなっているケースも多数あります。根本的には彼女らに「生きるって、楽しい」と思えるようになってほしいと思っています。

CHAPTER-3 8

チックや吃音、心身症について

①のびのびと自己主張できるようにしてやること
②わがままで、ずぼらなぐらいになると症状は軽くなる

チックや吃音（どもり）、心身症について述べます。いずれも、たくさんの方が相談に来られている症状です。

チックとは、ストレス場面でまぶたや肩などが、ピクピクと動くものです。吃音とは、やはりストレス場面で言葉がつまってしまって、うまく話せなくなるものです。心身症とは、何かストレスのかかる情況で身体が不調になってしまう（頭痛や腹痛など）ものです。もちろんいずれも純粋に心のストレスから来るものばかりではなく、脳や身体の機能上の問題がある場合もあるので、まず小児科や内科の先生に診てもらう必要があります。

さて、これらの症状が出る子どもたちには一定の傾向があります。性格的に「まじめ」「敏感」「自分が他の人からどのように思われているかを気にする」「自分の自然な感情をの

びのびと表現するのが苦手」などです。親の育て方としては、コントロールが強すぎるケースが多いと思われます。

治療の方向については色々な考え方がありますが、私は「のびのびと自己主張できるようにしてやること」だと思います。一般的に、これらの症状を出す子どもたちは、屈託なく自分の考えや感情を表現することができません。「僕はこうしたい」「こう思う」「これはイヤだ」など、のびのび表現できるようになると症状は減っていきます。

I男君の例　I男君は小学四年生。まぶたのチックがひどくて両親と共に来院されました。まじめで成績も上位の「いい子」です。両親は教育熱心で、I男君は週に四回、学習塾に通っています。スポーツについて、両親は「けがをすると良くないから。それに、本人がしたがらないから」と、どちらかというと禁じているようでした。面接が進むうちに親から子への「○○してはいけない」というコントロールが強すぎるように私は思い、「あまりあれこれ言うのをやめ、本人が色々と自己主張するのを待ちませんか」と両親に言いました。しばらくすると、I男君は「将棋がしたい」「ソフトボールがしたい」「(両親に禁じられていた) 模型飛行機遊びがしたい」などと言うようになりました。両親は学習塾の回数を減らし、それらをさせてやりました。やがてI男君は、「お父さんの○○な性格が嫌いだ」「お母さんは○○をやめてほしい」などと両親への批判をするようになりました。それに生真面目さが減って、時々宿題をせずに学校に登校するようになりました。そして、チックは減っていきました。

両親はチックが改善したことについては喜ばれていますが、子どもがどちらかというと「わがまま」「不真面目」になってしまったことについては当惑されています。

このケースはチックが減っていく典型的なパターンだと思われます。症状が減るということについて言うと、一般に症状だけが消えていくことはないのです。多くは症状がより安全な、あるいは地味なものに置き換わっていきます。I男君の場合はチックは減っていったけれども、自己主張の強い、悪く言えばわがままな性格に変わってしまったということです。親としては心配かもしれませんが、長い目で見れば良いことだと思われます。何年間かのうちには、彼の真面目な面も何らかの形で生きてくるでしょう。

チックや吃音、心身症は、言葉でのびのび自己主張ができ、生活全般も「人にさせられる」のではなく「自分がしたいからする」パターンに変わっていくと、多くは軽快していきます。性格がわがままで、ずぼらなぐらいになっていくと良いようです。

うまくいくケースでは、子どもに変化が起こるだけではなく、家族全体の雰囲気が変わっていくことがあります。「まじめに、きちんとする」雰囲気から、「大らかに、のびのびと人生を楽しむ」ようなものにです。親の生き方も変わっていくということです。

あとがき

少子化時代は子育ての難しい時代です。

本文中にも書きましたが、一人ひとりを大切に育てようとする親の心が空回りして、かえってうまくいかなくなっているケースが多いと思います。

子育てについて分かり易い指針が欲しい、というご家族からの声が多数あり、この本を書いてみました。本の中で述べていることは、私が普段の診療の中でご家族にアドバイスしている通りのものです。

何よりも「分かり易さ」を優先したので、学問的に見ると少し大雑把すぎる表現もあるかと思います。疑問の点は、もう少し専門的な書物で調べていただければと思います。

なお本文中に出てきた症例は、実際のケースを踏まえたものではありますが、あくまで架空のものです。

最後になりましたが、出版のチャンスを与えてくださった青樹恭氏、「岡山シティエフエム」の井口健郎氏、その他出版までを支えてくださった皆様、ありがとうございました。またこれまで色々な指導をいただいた恩師の杉山信作先生、黒田重利先生、その他たくさんの先生方、普段の診療の中で私に色々な示唆をくださった子どもたちやご家族の皆様、ありがとうございました。

この本が、子どもも親も生き生きと目を輝かせていられるような社会が実現できるためのささやかなきっかけになればと願っています。

※この本の内容は、筆者が出演させていただいた岡山のFM放送「岡山シティエフエム"RadioMOMO"」の「地域・親子・きずな」という番組（二〇〇六年二月から三月にかけて放送）の中で話させてもらった内容に加筆・修正を加えたものです。

参考文献

・岡田隆介著　『家族の法則』金剛出版　一九九九
・ジェラルディン・ハーベイ著　依田明訳　『児童心理学入門』学研　一九七七
・杉山信作編　『子どもの心を育てる生活』星和書店　一九九〇
・鈴木乙史・佐々木正宏著　『人格心理学』放送大学教育振興会　一九九六

●著者略歴
高田広之進（たかた ひろのしん）
1956年鳥取市生まれ。岡山大学医学部医学科卒。広島市児童総合相談センター、慈圭病院などの勤務を経て2003年に「たかたクリニック」を開業、子どもや大人の心の相談にあたっている。精神科医、臨床心理士。岡山県立大学非常勤講師。
趣味は絵画・彫刻制作、ジョギング。
著書は「子どもの心を育てる生活」（星和書店）「登校拒否と家庭内暴力」（新興医学出版）（いずれも分担執筆）など。

［連絡先］ たかたクリニック
岡山市北区奉還町1丁目12－15 小松ビル3階
TEL・FAX.086-214-6171
e-mail takataclinic@mx32.tiki.ne.jp
URL http://takataclinic.jp

心を育てる子育てマニュアル
～これだけ知っておけば、子育てに自信が持てる～

発　行 ――― 2006年12月24日 第1刷発行
2014年10月 2 日 第2刷発行

著　者 ――― 高田 広之進
発行所 ――― 吉備人出版
〒700-0823 岡山市北区丸の内2丁目11-22
電話：(086)235-3456 ファックス：(086)234-3210
ホームページhttp://www.kibito.co.jp Eメールbooks@kibito.co.jp
印刷・製本 ――― 片山印刷株式会社

ISBN978-4-86069-152-3 C0077 ¥1300E